어느 날, 마녀가 된 엄마

할머니가 되어도
초라하지 않고 당당하게

김주미 지음

[나의 눈부신 날들]

어느 날,
마녀가 된
엄마

글이출판

친애하는 나의 마녀들!
할머니, 엄마, 이모를 뒤따르는 우리이 걸음이
풍파에도 아랑곳하지 않고 늘 의젓하기를.

프롤로그
이 글이 세상에 나오지 않았으면

인생에서 고난은 느닷없이 다가온다.

    아파트 게시판에 경로당이 다시 문을 연다는 공지가 붙었다. 새삼스러웠다. 경로당이 필요할 만큼 우리 아파트에도 많은 수의 노인이 살고 있었구나. 그럼 그 많은 노인들은 그동안 어디에서 하루를 보냈던 것일까. 그러고 보니 지난 2년 동안 아파트에서 삼삼오오 모여있는 노년층 주민들을 잘 보지 못했다. 팬데믹 상황에도 놀이터에는 마스크를 쓴 채 뛰어노는 아이들이 있었다. 근처 카페나 식당에는 조심스럽지만 친한 이들끼리 만남을 이어가는 젊은 사람들이 있었다. 하지만 경로당이나 공원, 복지관 같은 노인들의 커뮤니티는 문이 굳게 닫혔다.

외부와 차단된 채 혼자 집에 있는 노인들은 동료와 교류할 기회를 얻지 못했으니 고독했을 것이다. 무료함은 행복한 일상의 반대말일지 모른다. 찾아오는 이 없고 갈 곳도 없는데 시간은 넘쳐흐른다면 그 하루를 살아내는 일이 누군가에겐 고난이 될 수 있다.

우리나라에서 첫 코로나19 확진자가 나온 2020년 1월, 처음으로 온 가족이 엄마를 모시고 해외여행을 갔다. 아직도 선명히 기억한다. 우리는 돌아오는 비행기에서 이제부터라도 자주 떠나자고 말하며 짧은 여행의 아쉬움을 달랬다. 그로부터 2년 6개월이 흘렀다. 가족 모두가 무탈하여 좌석에 나란히 앉을 수 있고 비행기 밖 하늘을 바라보며 내일의 희망을 이야기할 수 있는 기회가 얼마나 소중한 것이었는가. 그래, 그땐 미처 알지 못했다.

경로당 문이 열리면 아파트에서 사라졌던 노인들을 다시 볼 수 있을 것이다. 창을 넘어 할머니, 할아버지들이 고스톱을 치고 바둑을 두며 실랑이를 벌이는 소리가 들리고 콩 한 쪽도 나눠 먹는다며 까만 비닐봉지에 주전부리를 들고 가는 어느 어르신의 부산스러운 모습도 곧 만날 수 있다. 하지만 그 풍경을 바라보는 나의 시선은 예전과는 많이 달라져 있을 것 같다. 오늘도 소란스럽다며 툴툴거리는 대신, 여전하고 별것 없는 장면들을 귀하게 바라볼 것이다.

인생에서 고난은 느닷없이 다가온다. 고난이 찾아오면, 영원할 줄 알았던 존재와 가치가 사라지는 경험을 하게 된다. 그리고 상실의 흔적은 얼굴과 몸, 기억에 남는다. 엄마와 나에게 찾아온 코로나19라는 녀석이 그랬던 것처럼.

처음에는 쓰지 않을 생각이었다, 이런 글 따위는!
이 고백이 나에게 도움이 될 리 없다고 생각했다. 전국으로 강연을 다니고 공공기관에서 프로젝트를 맡아 일하는 나의 경력에 흠이 되고 보이지 않는 벽을 만들 것이라 믿었다.

나의 다짐과 결심을 무너뜨리고 글을 쓰기로 작정한 데에는 분노의 감정이 불씨가 되었다. 사람들은 엄마를 하루아침에 마녀로 만들었고 엄마는 억울함과 두려움에 어린이집에 가기 싫은 아이처럼 떼를 쓰기도 하고 서럽게 울기도 하며 스스로와 나의 진을 빼고 있었다.

프롤로그

처음엔 화난 감정을 글로 쏟아내려 했지만 바로 멈췄다. 그 글들은 나와 엄마의 상황을 성토하는 일기는 될 수 있어도 더 많은 사람들의 공감을 얻고 생각과 태도를 바꾸는 방향으로는 흘러가지 않을 글이었다. 그래서 사람들이 읽을 수 있는 글을 쓰기로 했다.

나의 엄마는 2020년 12월, 코로나19 확진자가 되었다. 그날 이후 엄마는 청춘과 중년을 지내며 40여 년을 살아온 터전에서, 나의 유년 시절 추억을 머금고 있는 동네에서 환영받지 못하는 존재가 되었다. 지난 2년 동안 엄마는 기로에 서 있었다. 이 동네에서 버티며 계속 살아갈 것인가, 아니면 낯선 곳으로 이주를 할 것인가. 생채기 난 마음과 후유증에 시달리는 몸에 좌절감을 덧씌울 것인가, 아니면 새살이 차오르도록 아파도 상처들을 마주할 것인가.

이 이야기는 지극히 사적인 한 사람의 상실과 회복의 감정을 다루고 있다. 하지만 이름 모를 당신에게도 꼭 들려주고 싶었다. 머지않은 미래에 또 다른 바이러스가 우리를 위협한다면, 혹은 당신과 내가 늙는다면 언젠가는 만나야 할 절망과 희망 사이 그 어디쯤을 그리고 있기 때문이다. 코로나19는 우리 사회에서 감추고 있던 질병과 노년에 대한 편견과 불안을 드러나게 하는 기폭제였을 뿐이다.

그동안 우리는 나이 듦이 주는 몸과 마음의 변화를 제대로 마주보고 어루만질 기회가 없었다. 그래서 이 책은 노년을 대하는 시선과 태도에도 단련이 필요함을 말하고 있다. 타인의 나이 듦을 편견 없이 바라보고 자신의 나이 듦을 불안 없이 받아들이기 위한 고민을 담았다. 지극히 개인적이지만 그래서 오히려 당신과 가깝다. 이 이야기가 자신만의 심신단련법을 찾아가는 당신에게 작은 도움이 되길 바란다.

책을 쓰기로 결심했을 때 출판사 대표이자 편집자이기도 한 나의 글벗이 물었다. 내가 쓴 글들이 사람들에게 닿아 무엇으로 남기를 바라냐고. 그때는 제대로 말하지 못한 답을 여기에 남긴다.

이 글들은 나의 엄마와 가족들이 제일 먼저 읽어줬으면 좋겠다. 우리의 긴 독백이자 함께 써 내려간 돌봄일지이니 그들의 마음에 들었으면 한다. 욕심을 조금 더 내어본다면, 코로나19란 거친 풍랑을 만나 잠깐이라도 외롭고 두려웠던 사람들에게 나의 문장들이 향하길 바란다. 자신이 탄 배가 어디로 가는지 모르지만, 밤낮으로 노를 젓고 갑판 위에서 부지런히 몸을 움직여 또 한 시절을 무사히 살아낸 보통의 사람들 말이다. 독자들이 찰나의 순간이라도 공감하며 고개를 끄덕일 수 있다면 다행이겠다.

    고난이 느닷없이 다가오듯, 위안이 되고 기쁨을 주는 순간도 갑자기 찾아온다. 사랑하는 이와 느리게 걷다가 계절의 변화를 반가이 맞이하며 함께 살아가는 다정함을 느끼게 될 때, 느닷없이 충만한 하루를 맞는다. 그날이 오면 우리 서로에게 수고했다는 말을 건네고 팔 벌려 힘껏 안아 주도록 하자. 그것으로 충분하다.

    2022년 여름, 일상 회복이라는 희망의 언저리에서.

김주미

목차

프롤로그

06 이 글이 세상에 나오지 않았으면

Part 1 언니는 마녀가 되었다

20 어느 날, 갑자기
26 중환자실의 눈물 여왕
32 노년과 낡음을 향한 저주
37 루머의 시초
42 안락한 동네의 마녀재판
49 마음의 상처가 남긴 몸의 자국들
55 소란한 꿈
60 스몰 트라우마와 버려진 스카프
66 코로나 블루와 은밀한 고백

Part 2 돌봄 노동이 일상으로 들어오다

72 집착과 기대 그 사이

80 넘치는 가족애를 덜어낼 시간

86 자매애를 실은 택배 상자

91 행복 회로 재가동

95 엄마가 명절을 기다리는 이유

100 일상 회복을 꿈꾸며

106 슬기로운 쇼핑 생활

114 이사도라 순옥과 걷기의 자유

120 게으를 수 있는 권리

126 'K-장녀'가 뭐길래

Part 3 노년을 기다리며 기꺼이 마녀가 되자

134 마음이 가라앉는 4호선

139 순옥 씨처럼 늙기 싫어서

144 흉터라는 훈장

150 나이 들어도 미안하지 않습니다

155 필라테스 하는 할머니가 될 거야

162 보험보다는 모험의 힘을 믿어요

167 지팡이와 함께 걸어간다면

175 질병을 기다리며

181 소소하지만 위대한 자기 서사

에필로그

188 당신도 마녀가 될 수 있다

옛날 옛적 평화로운 마을에

젊은 여인이 찾아왔습니다.

그러던 어느 날….

Part 1

엄마는 마녀가 되었다

어느 날, 갑자기

살다 보면 그런 날이 있다. 평소와 다름없는 하루라 여기고 가벼이 아침을 열었으나 돌아보면 인생이라는 항해에서 큰 태풍을 만나 방향키를 돌리고 예상치 못한 물길로 떠내려가야 하는 날. 엄마와 나의 가족에게는 2020년 12월 10일이 그랬다.

목요일이었고 겨울 초입의 추위가 느껴지는 오후였다. 12월의 바람을 우습게 본 죄로 코트 깃을 바짝 세우고 어깨를 움츠렸다. 목도리를 챙기지 않은 아침의 나를 속으로 나무라며 병원을 빠져나왔다.

최근 몇 년 동안 엄마는 잔병치레로 입원과 퇴원을 반복하는 일이 잦았다. 매번 그 과정을 옆에서 도와 온 나였기에 그날 역시 입원 절차는 순탄하게 흘러갔다. 과로를 하거나 겨울이 찾아오면 느닷없이 말썽을 부리

Part 1 엄마는 마녀가 되었다

는 엄마의 방광이 문제였다. 며칠 전부터 아랫배와 허리가 아프다는 엄마의 말에 가족들 모두 엄마의 방광염이 또 도졌구나 직감했다.

별 의심 없이 다니던 종합병원의 신장내과로 향했다. 엄마를 오래 봐온 의료진은 "재발했네요. 무리하셨나 봐요. 통원 치료하시겠어요, 아니면 저번처럼 며칠 입원하시겠어요?"라고 물었다. 홀로 생활하는 엄마가 식사를 챙기기에도, 한밤중 찾아오는 통증을 달래기에도 집보다는 병원이 좋을 것 같았다. 엄마도 아플 때 혼자 있으면 서럽다며 입원에 동의했다.

우리 모녀에게 병원 생활은 특별한 일이 아니었다. 허리에 인공뼈를 삽입하는 수술과 폐의 종양을 제거하는 수술을 하며 엄마는 환자로, 나는 보호자로 병실을 내방처럼 누볐던 지난한 시간들이 있었다. 대상포진이나 신장결석같이 우리 가족에게는 이제 사소한 질병을 치료하기 위해 입원했던 적도 여러 번이었다.

달라진 점이 있다면 이번엔 입원을 위해 코로나19 검사를 받아야 했다. 검사실로 향하기 전, 처음 받는 검사에 엄마가 살짝 긴장하긴 했지만 통과의례일 뿐이라며 안심시켰다. 검사 후에는 엄마도 해보니 별것 아니었다며 가벼이 웃어넘겼다. TV 뉴스에서 보던 면봉으로 코를 찌르는 모습을 드디어 본인도 재연해 봤다고 말하면서.

체온도 정상이고 아랫배 외에 통증도 거의 없었기에 입원 수속을 마치고 엄마를 혼자 병실에 두고 오는 마음이 그리 무겁지 않았다. 오히려 코로나19 덕에 보호자가 병실에 같이 있을 수 없는 상황에 고마움마저 느꼈다. 어서 빨리 집에 가서 식탁 위에 놓아둔 달달한 빵을 먹고 뜨뜻한 이불속에 눕겠다는 의지로 발걸음을 재촉했다.

집으로 돌아가는 지하철 안, 가족 채팅방에 엄마의 경미한 증상들을 읊은 후 병원에서 주말을 보내고 월요일 오후면 퇴원할 수 있을 것이란 소식을 전했다. 오늘의 보호자 역할을 무사히 마치며 속으로 안도의 숨을 내쉬었다.

'아, 오늘 미션은 잘 끝냈구나. 그래도 이번엔 이만하길 다행이다!'

다행이라 안심하던 나의 속삭임이 몇 시간 지나지 않아 불행을 맞이하는 외침으로 바뀔 것이란 예상을 하지 못한 채 말이다.

Part 1 엄마는 마녀가 되었다

다음날 아침 8시 즈음, 전화벨이 울렸다. 엄마였다. 어제의 피로로 잠이 덜 깬 채 전화기를 귀에 가져갔다.

"미야, 미야. 뭔가 이상하다."

엄마의 목소리가 떨리고 있었다.

"왜, 엄마? 의사 선생님 다녀갔어?"
"아니, 간호사가 왔는데, 뭐라 뭐라 하면서 이 방에 못 있는다고 짐을 챙기라는데, 무슨 말인지 도통 모르겠다."
"방을 옮기라고? 아, 다인실에 자리 나면 옮겨 달랬는데 그 말인가?"
"아니, 어제 코로나 검사한 거 있잖아. 엄마랑 같이 검사한 사람들 중에 누가 확진이 나왔나 본데, 그래서 병실을 옮겨야 된다는데? 빨리 준비하라고만 하고 휙 나가버려서 자세히 묻지도 못했다."
"뭐? 알았어요. 일단 진정하고 계셔 봐요. 간호사실에 지금 전화해 볼게요."

목소리에서 엄마가 얼마나 당황하고 있는지 짐작

이 되었다. 엄마와의 통화가 끝나자마자 간호사실로 전화를 걸었다.

"저, 609호 환자 보호자인데요. 혹시 어제 입원환자 중에서 확진자가 나왔나요? 엄마에게 병실을 옮겨야 한다고 말씀하셨다고 해서요."

"네. 보호자분이 어제 온 따님이세요? 그게, 어머니 어제 검사 결과가 나왔는데요, 코로나 확진입니다. 저희도 조금 전에 통보받아서 보호자분께 곧 연락을 드리려고 했어요."

"네? 잠시만요! 어제 입원한다고 검사했던 분들 중 한 명이 아니라 저희 엄마가 확진이라고요?"

"네."

"혹시 검사 결과가 잘못되거나 다른 분과 바뀌었을 가능성은 없나요? 저희 엄마 열도 없고 기침이나 인후통도 없고 증상이 하나도 없었거든요."

"다른 분들은 다 이상 없고요. 환자분만 확진으로 나왔습니다. 일단 저희 병원에서 격리할 수 있는 공간인 1인실에서 대기를 하시다 저희도 보건소 안내에 따라 차후 조치를 할 거고요, 보호자분한테도 지역구 보건소에서 전화가 갈 겁니다. 보호자분도 접촉자이니 어디 가지 말고 대기해 주세요."

우르르 쾅!

엄마가 코로나19 확진자라는 소리가 나의 머리에 벼락처럼 내리꽂혔다. 손을 떨며 들고 있던 전화기 화면을 보니 2020년 12월 11일이었다.

사람 좋아하고 수다를 즐기던 엄마는 평범하고 소박한 일상을 살며 가족과 이웃 사이에 있을 때 제일 행복하다고 말했다. 사소한 그 행복을 한동안, 아니 영원히 되찾을 수 없을 것 같았다. 바로 그날을 기점으로!

보건소 전화를 기다리며 생각했다.

'아차, 내가 또 뒤통수를 맞았구나! 이번엔 별일 없을 것이라며 병원을 나서던 나의 안일한 태도가 하늘의 비웃음을 샀구나.'

엄마와 나의 삶 앞에 예상치 못할 불행이 도사리고 있다는 경고등이 깜박이고 있었다. 망망대해 한가운데서 오가지도 못하고 엄마 홀로 위태롭게 서 있어야 하는, 외롭고도 기나긴 코로나 회복을 향한 항해가 그렇게 시작되었다.

중환자실의 눈물바다

지난 2020년 12월은 대구, 경북에 이어 코로나 청정 지역으로 불리던 부산에서도 코로나19 확진자가 급격히 늘던 시기이다. 확진자 수가 증가하자 이들을 격리, 수용할 수 있는 음압병실이 부족하다는 뉴스가 들렸다. 나와는 아무 상관 없을 줄 알고 흘려 보낸 그 뉴스의 당사자가 나와 가족이 된 것이다.

    엄마는 확진 판정을 받은 후에도 코로나19 전담병원으로 이송되지 못했다. 엄마가 심각한 증상을 보이지 않았고 다른 위급한 환자들로 이미 전담병원의 음압병실은 꽉 차 있는 상태였기 때문이다. 지역 보건소 담당자는 보호자인 나에게 병실이 나면 이송을 하겠지만, 엄마의 경우는 지금 입원해 있는 병원에서 계속 치료를 받는 것도 괜찮을 것 같다는 이야기를 해 주었다.

Part 1 엄마는 마녀가 되었다

불행 중 다행으로 엄마가 입원한 병원은 중환자실에 음압 시설이 갖춰져 있었고 호흡기전담센터도 운영되고 있었다.

엄마는 곧바로 중환자실로 옮겨졌다. 그 병원에 입원한 확진자는 엄마가 유일했다. 환자가 혼자이다 보니 의료진의 각별한 관심과 치료를 받았다. 중환자실 문의 유리를 통해 간호사들이 오가며 항시 엄마의 상태를 살폈고 호흡기전담센터의 의사는 엄마에게 아침, 저녁으로 전화를 걸어 불편한 곳이 없는지 물었다고 한다. 보호자인 내가 엄마를 만나지 못해 걱정하고 속상해한다는 소식을 듣고 의사는 직접 내게 전화를 걸어 엄마의 현재 상황을 친절히 알려주기도 했다. 의료진들은 엄마가 고열이나 기침이 없고 코로나19 환자에게 가장 중요한 산소포화도 수치도 괜찮으며 폐렴의 진행도 없다고 안심시켜 주었다.

엄마의 증상은 미비했지만 의료진이 걱정하는 점은 따로 있었다. 엄마가 중환자실에서 하염없이 눈물만 흘리고 있다고 했다. 제대로 먹지도 않고 눕지도 않고 큰 소리도 내지 않으면서 눈에 수도를 연결해 놓은 것 마냥 계속 눈물을 흘려 눈이 짓무를 정도라고 했다.

"환자분이 하루 종일 눈물을 흘리고 계세요. 그 모습이 너무 가슴 아파서 저희 간호사들도 계속 따라 울고 있고요. 저희가 금방 나가실 수 있다고, 어디 아프면 바로 치료해 드릴 테니까 걱정하지 말라고 해도 눈물을 멈추지를 않으시네요. 계속 자식들한테 미안하다고, 우리 딸이 나 때문에 평소에도 고생하는데 지금도 자가격리 중이라고 걱정을 하시면서요. 그런 생각 마시라고 해도 동네 사람들한테도 미안하고 저희한테까지도 미안하다고 그러시고요. 마음이 너무 약하고 선한 분 같으세요. 따님이 통화하면 괜찮다고, 힘을 좀 주시는 게 좋을 것 같아요."

며칠 사이에 엄마를 만나거나 병원에 함께 간 나와 남편, 그리고 동생은 모두 음성 판정을 받았다. 그러나 밀접접촉자였기에 2주간 자가격리를 해야 했다. 물론 우리의 자가격리 기간이 순탄했던 것은 아니다. 자가격리를 하는 동안 남편은 회사 관계자들에게 일일이 자초지종을 설명해야 했고 몸의 상태를 보고해야 했다. 시댁 식구들은 내가 상처받지 않게 배려해주며 엄마의 안위를 누구보다 걱정해주었지만 며느리로서 나는 눈치가 보이고 죄송한 마음이 앞섰다. 동생 가족은 그들대로 답답하고 위태로운 자가격리 기간을 보냈다.

하지만 그것은 엄마의 잘못이 아님을 우리는 모두 잘 알고 있었다. 각자 사회에서 고립되어 집안에서만 2주라는 시간을 보내야 했지만 큰 소리로 부르면 목소리가 닿을 만한 공간에 남편과 아내가 있었다. 부족한 물건이나 음식이 있으면 배달을 시키기도 하고 지인들이 필요한 물품을 문 앞에 두고 가기도 했다. 며칠 시간이 흐르자 집 안에서 운동을 하고 간단한 업무도 처리할 수 있을 만큼 자가격리 생활에 적응을 했다.

엄마에게 자식들의 상황을 전하고 동네 사람들 중 엄마와 접촉한 사람들 중에도 확진자가 나오지 않았다는 다행스러운 소식을 알렸지만, 엄마의 눈물은 그칠 줄 몰랐다. 엄마는 무인도 같은 중환자실에서 홀로 죄책감이라는 파도에 정처 없이 휩쓸리고 있었다.

보건소에서 엄마의 동선을 추적하고 주변인들을 검사한 결과, 엄마는 목욕탕에서 전염된 것 같다고 했다. 엄마는 방광염 때문에 입원을 하게 되었고 그 과정에서 사전검사를 받아 코로나19 증상이 발현되기 전, 적절한 치료를 받을 수 있었다. 엄마가 다닌 목욕탕과 살던 지역에서 제일 먼저 확진 판정을 받은 탓에 엄마가 동네에 바이러스를 퍼뜨린 1호 환자로 알려졌다. 하지만 나중에 밝혀진 바에 따르면, 엄마보다 앞서 다른 지역에 사는 몇 명의 사람들이 동네 목욕탕을 방문했고 그들이 먼저 확진되었다.

지금도 감사한 것은 엄마와 같은 시간대에 목욕탕을 이용하거나 엄마와 대화를 나눈 이웃들, 엄마와 식사를 하고 엄마 곁에 있던 가족 중에 다른 확진자가 나오지 않았다는 것이다. 만약 엄마로 인해 확진자가 또 나왔다면 엄마의 마음이 무너져버려 과연 무사히 중환자실을 나올 수 있었을까 하는 생각이 든다.

2주가량의 입원 생활에서 엄마는 '눈물의 여왕'이라는 별명을 얻었다. 여왕님의 눈물을 서서히 멈추게 한 것은 자신의 엄마처럼 마음을 써준 의료진들의 배려와 평소엔 애교가 없지만 혼자 계신 할머니를 위해 영상 통화로 수줍은 웃음을 보내고 그림을 그려 응원한 조카의 재롱이었다.

그날들로부터 1년 반이 흐른 지금, 엄마는 말한다. 음압 시설이 내뿜는 소음과 차가운 병실 벽에 갇혀 있던 그 시절, 엄마를 제일 힘들게 한 감정은 죽음에 대한 두려움도 나 혼자라는 외로움도 아닌 '나 때문에'라는 죄책감이었다고. 그래서 중환자실에 홀로 있던 그 시간들이 몸서리치게 고독했으면서도 한편으로는 주변 사람들의 얼굴을 다시 보기 미안하니 차라리 여기서 나가지 말았으면 하는 생각을 했다고. 코로나19 바이러스에 감염된 엄마는 지금까지도 후회와 자책으로 스스로를 외톨이로 만드는 후유증을 앓고 있는지도 모르겠다.

노인과 낡음을 향한 저격

노인의 몸과 오래된 집은 닮았다. 삐걱거리고 녹슬고 제대로 기능하지 못한다. 세월의 흔적에서 역사적 가치가 느껴진다거나 삶의 의미를 되돌아볼 기회를 준다는 긍정의 평가 대신, 낡고 후줄근하다며 기피의 대상이 되곤 한다.

엄마가 사는 연립주택은 내가 중학생 때 구입했다. 처음 집을 샀을 때 어린 나의 눈에도 헌 집으로 보였으니 지어진 지 30년은 족히 넘었다. 이 집의 가장 취약점은 수도이다. 아직도 지하수를 끌어올려 쓴다. 수도를 놓으려는 몇 번의 시도가 있었지만, 번번이 실패했다. 물은 정말 쥐꼬리만큼 '졸졸졸'도 아니고 '찔찔찔' 나온다.

목욕이라도 한번 하려고 하면 적어도 10분 전부터

물을 틀어 큰 플라스틱 통에 온수가 차기를 기다려야 한다. 오래된 욕실이라 욕조도 없고 겨울엔 냉기가 감돌아 큰 볼일을 보러 들어가면 엉덩이가 시릴 정도다. 낡은 욕실과 잘 나오지 않는 물, 허리 수술로도 회복되지 못한 통증과 관절염 때문에 엄마는 달 목욕을 선택했다.

엄마를 위해 근처 새로 지은 빌라도 돌아보고 내가 살고 있는 동네로 이사도 권유해 봤지만, 뜻대로 되지 않았다. 지금 살고 있는 집의 다채로운 장점들이 낡았다는 하나의 단점보다 크게 다가왔기 때문이다. 엄마의 집은 삼면이 베란다로 둘러싸여 있고 채광과 바람이 잘 들어오며 천장이 높아 개방감을 느낄 수 있는 구조이다. 여행을 가도 호텔 화장실 문을 잘 닫지 못할 만큼 밀폐된 공간에 갑갑함을 느끼는 엄마에겐 이만한 터전이 없다. 결국 엄마는 손때가 묻은 정겨운 집에서 노년을 보내기로 했다.

낡은 집, 그중에서도 냉기가 흐르는 욕실을 버리고 엄마가 과감히 이사를 결정했다면 어땠을까. 한동안 나는, 이제는 다 부질없는 후회라는 것을 알면서도 '만약에'로 시작되는 다양한 가정을 내세우며 악몽 같은 현실을 부정하고 싶었다.

엄마의 코로나19 확진 이후, 나는 익명성과 표현의 자유라는 가치 뒤에 숨어 사람들이 얼마나 무서운 말들을 쏟아낼 수 있는지 똑똑히 지켜봤다. 예전엔 악플 때문에 유명인이 자살했다는 뉴스가 다른 세상의 일처럼 멀게만 느껴졌고 심각성을 깊이 인지하지 못했다. 하지만 온라인에서 엄마가 악플의 주인공이 되자 상황이 달라졌다.

동래구 한 목욕탕을 다녀 간 여성 노인이 코로나19에 확진되었다는 기사가 나가고, 문자로 목욕탕의 이름과 확진자의 목욕탕 방문 시간이 공시되었다. 엄마의 행적은 그렇게 낱낱이 세상에 알려졌고 그중에서도 매일 목욕탕을 찾았다는 사실이 사람들의 공분을 샀다.

여기에 다 옮길 순 없지만 대략 내용은 이랬다. 젊은 사람들은 조심하는데 늙은이들이 문제라는 이야기, 이 시국에 목욕탕에 간 사람들은 치료비 지원도 끊어야 한다는 제안, 노인들은 늘 몰려다녀 문제를 만든다는 등의 성토가 이어졌다. 혐오표현이라는 'OO충'을 엄마에게 수식어로 붙이는 이도 있었다. 화를 내는 댓글부터 노인과 확진자를 조롱하는 댓글들도 이어졌다.

엄마에게 퍼붓던 악담들을 읽으며 나의 엄마는 그렇게 몰상식한 사람이 아니라고, 노인들이 집에만 머무를 수 없는 이유가 각자 다 있다고, 비난하기 전에 그들의 빈곤과 고독을 헤아려본 적이 있냐고 세상을 향해 고함치고 싶었다. 그러나 나의 이야기를 들어줄 대나무 숲은 어디에서도 찾을 수 없었다.

시간이 약이라고 했던가. 사람들의 기억력은 참으로 빈약한 것이어서 얼마 못 가 엄마의 이야기는 맘 카페와 댓글 부대에게서 잊히는 듯했다. 하지만 코로나19 확진자나 노인을 향한 편견과 혐오의 문제가 끝난 것은 아니었다. 그저 저주를 퍼부을 대상이 매번 달라질 뿐이었다.

평생 글 쓰는 일을 사랑했고, 말로 지식을 전하는 일에 자부심을 느끼던 나는 말과 글의 잔혹함을 알아버렸다. 누군가에게는 한번 내뱉으면 그만인 말과 글이었겠지만, 그 고통의 단어들은 흉기로 변해 사람들의 가슴을 찌르고 쉽사리 없어지지 않는 상흔을 남겼다.

지금도 누군가를 향해 차별과 혐오의 언어를 던지는 이들에게 묻고 싶다. 코로나19 바이러스보다 타인의 삶을 함부로 판단하고 쉽게 남의 불행을 바라는 당신의 마음이 이 사회에서 더 위험한 바이러스가 아니겠냐고 말이다.

Part 1 엄마는 마녀가 되었다

구연의 시초

엄마의 평소 몸놀림은 가볍다. 작고 통통한 체격의 엄마가 빠른 걸음으로 앞서 걸을 때면 통통볼이 떠오른다. 일흔이 다 되었지만 엄마는 지금도 서의 일자로 다리를 뻗을 수 있어 주위 사람들을 놀라게 하곤 한다.

노래도 잘하고 무엇보다 리듬감이 좋다. 친척들이 함께 노래방에 간 적이 몇 번 있는데 그때마다 엄마는 과하지 않은 움직임에도 주위 사람들의 시선을 붙잡았다. 발은 사뿐사뿐 움직였고 노래 박자에 맞춰 튕기는 어깨와 손은 앙증맞기까지 했다.

젊은 시절 남편을 잃고 혼자 어린 남매를 키우기 위해 평생 장사에 매달렸던 엄마가 드디어 인생의 휴식기를 맞이한 날, 나는 엄마의 노년을 즐겁게 해 줄 취미를 찾아 나섰다. 처음엔 노래교실을 등록했고 다음에는 산악회에 나가 매주 등산을 하게 했다. 하지만 둘 다 엄마에게 딱 맞는 취미는 아니었다. 그러다 발견한 것이 댄스 스포츠였다.

댄스 스포츠는 엄마가 좋아하는 음악을 배경 삼아 신체활동을 하는 건전한 스포츠였다. 정해진 동작들이 있어 그것을 외우다 보면 치매 예방에 좋고 춤의 종류도 여러 가지이니 지루하지 않게 오래 배울 수 있었다. 여러 명이서 춤을 배우며 친구도 사귀고 기회가 된다면 마음이 맞는 파트너 분을 만나 남자 친구를 만드는 것도 나쁘지 않을 것이라 생각했다. 무용과 음악, 거기에 소통의 기술까지 배울 수 있는 '일석삼조'의 취미란 생각에 당장 동네 교습소를 찾아 등록했다.

내 판단은 틀리지 않았다. 엄마는 댄스 스포츠에 탁월한 재능이 있었다. 무엇보다 엄마가 무척 즐거워했다. 교습소에서 누구보다 동작을 정확히, 빠른 속도로 익히고 실력도 점점 늘어 주목을 받는다고 했다. 수업이 끝나면 옷이 땀에 흥건히 젖을 정도로 운동량이 많아 다이어트도 된다며 새 놀잇감을 찾은 아이처럼 엄마는 기뻐했다.

아쉬운 점이 있다면, 다른 수강생들에 비해 나이가

많고 몸이 통통한 데다 옷도 편한 티셔츠에 바지만 입고 가니 함께 춤을 추자는 사람이 잘 없다는 것이다. 그런데 엄마는 이런 상황을 더 즐기는 듯했다. 남자 파트너를 찾기 어려우니 여자 선생님이 남자 역할을 대신해 엄마와 파트너가 되어 주는데, 그래서 오히려 동작을 정확히 배울 수 있다는 것이다. 1년이 지났을까. 엄마는 교습소에서 선생님의 보조 강사 역할까지 할 만큼 일취월장 실력이 늘어 있었다.

엄마의 노년을 즐겁게 만들어줄 것이라 믿었던 댄스 스포츠가, 그러나 코로나19 확진이라는 변수를 만나 예상하지 못한 존재로 변해갔다. 엄마의 취미가 댄스 스포츠였다는 사실을 작은 동네에서 모르는 사람이 거의 없었다. 남녀가 함께 춤을 춘다는 이유로 댄스 스포츠는 루머의 씨앗이 되고 엄마를 공격하는 화살이 되어 돌아왔다.

동네에선 엄마가 다른 지역에 사는 아저씨와 춤을 추다가 코로나에 걸렸다는 소문이 돌았다. 처음에는 "그 아줌마 춤 배우러 다니더니 거기서 걸린 거 아니야?"라는 의심에서 시작했다. 그러다 엄마의 귀까지 그 소문이 들어왔을 땐 꽤 구체적인 정황을 가진 서사로 완성되어 있었다. 한 방울의 잉크가 물 전체를 물들이듯 거짓 정보들이 진실을 뒤덮었고 그 속도는 빨랐다.

　엄마가 댄스 스포츠를 배우다 엄마보다 나이가 많은 택시기사 남성을 만나 바람이 났는데(엄마는 미망인인데 왜 바람이라고 표현했는지도 모를 일이다.), 시내의 콜라텍을 다니다 바이러스에 전염되었으며 코로나19에 걸린 줄도 모르고 병원이며 목욕탕을 다녀서 온 동네를 긴장시켰다는 것이다. 엄마와 댄스 파트너는 부산에 병상이 없어 경남에 있는 어느 병원까지 이송되었고 폐가 안 좋았던 엄마는 지금 사경을 헤매고 있다는 것이 소문의 줄거리였다.

　이름 모를 누군가에게 이 이야기를 전해 들은 엄마의 옛 친구, 지인들은 놀란 마음에 엄마에게 전화를 걸었다. 그들은 엄마의 목소리를 확인하자마자 첫마디로 "너 살아 있어? 너 다 죽어 간다던데?"라고 물었다고 한다.

　소문을 전해 들은 엄마는 충격을 받았다. 그도 그럴 것이, 엄마는 코로나19가 확산되면서 몇 개월 전에 이미 댄스 스포츠 교습소에 발길을 끊었다. 공공기관에 다니고 자영업을 하는 자식들에게 혹여 피해가 갈까 봐, 그리고 몸이 약한 조카를 생각해 사람이 많이 모이는 곳은 가지 않겠다고 다짐했다. 가끔 나와 조카가 엄마 집에 놀러 가면 음악을 틀어놓고 우리 앞에서 스텝을 밟으며 교습소에 나가지 않아도 매일 30분씩 연습해서 아직 실력이 쓸만하다고 자랑하곤 했다. 그런 엄마가 막장 드라마 같은 이야기의 주인공이 되었으니 당신으로서는 기가 막힐 노릇이었으리라.

　엄마가 병원에서 돌아왔지만 스스로 격리를 하며 집에서 몸을 웅크리고 있는 사이, 의심과 소문은 몸집을 키워 외도설, 사망설까지 돌았다. 나는 농담으로 "우리 엄마, 이 동네에선 연예인이었네."라며 가볍게 넘기려 했지만 엄마에겐 그렇지 않았다. 자신의 취미 때문에 천박한 소문의 당사자가 된 것은 아닌지 후회했고 왜 가십거리로 사람들의 입방아에 오르내려야 하는지 모르겠다며 억울해했다. 노년의 생을 건강하게 지켜주리라 믿었던 취미를 향한 편견과 오해는 한 여성이 평생 지키고 싶었던 장한 어머니라는 자부심마저 무너뜨리고 있었다.

안락한 동네의 마녀재판

나는 가끔 생각한다. 엄마가 노년이 아니었다면, 엄마가 여성이 아니었다면, 엄마가 홀로 살지 않았다면 지금의 상황과 조금은 다르지 않았을까. 여성 독거노인이었기에 코로나19 확진 이후의 현실은 엄마에게 더 가혹한 것이 아니었을까라고 말이다.

    엄마가 사는 동네 이름인 '안락동'은 안락서원에서 유래했다고 하는데, 말 그대로 편안하다는 뜻을 지닌 지명이다. 일곱 살의 어린 내가 살기 훨씬 예전부터 주거지역이었고 지금도 시장을 둘러싸고 주택가와 빌라촌으로 이루어져 있다. 내 기억 속에 안락동의 풍경은 골목을 따라 집과 작은 가게들이 옹기종기 늘어서 있고 곳곳에 평상이 놓여 있다. 골목에서 열 살 남짓의 나와 친구들이 땡볕에서 땀을 흘리며 놀이를 하고 있

Part 1 엄마는 마녀가 되었다

으면, 평상 위에선 엄마들이 모여 비빔국수며 전을 만들어 우리를 부른다. 그렇게 큰 평상에 앞집과 옆집, 뒷집 아이들이 뒤엉켜 앉아 같이 먹고 같이 뛰고 같이 웃던 시절이 아직도 생생하다.

하지만 지금의 안락동은 아이들의 웃음이 사라졌다. 2020년 기준 노인 인구 현황에 따르면, 안락동이 속한 동래구는 65세 이상 노인 인구가 부산시 구·군 중 다섯 번째로 많은 지역구라고 한다. 나의 모교였던 중학교는 이미 사라졌고 초등학교도 곧 폐교될 예정이라는 소문이 들릴 만큼 어린이나 청장년층 인구를 찾아보기 힘든 동네이다.

나는 안락동을 '도시 속 읍내'라 부르곤 한다. 시장 길을 따라 걷다 골목으로 들어오면, 어느 집에 숟가락이 몇 개 있는지 알 정도로 토박이인 동네 주민들이 많이 살고 있다. 이곳에선 마치 어느 시골의 숨은 동네처럼 시간이 멈춘 느낌을 종종 받는다. 내가 엄마와 손을 잡고 다니던 목욕탕은 영업을 하지 않은지 20년이 넘어 폐허가 되었지만 굴뚝마저 그대로인 채 남아있다. 고소한 냄새와 요란한 소리로 나를 사로잡던 떡방앗간도 그대로이고, 동네 곳곳에서 세월의 흔적이 느껴지는 낡은 간판들을 어렵지 않게 찾을 수 있다.

지하철에서 내려 엄마 집까지 10분 거리 동안 나는 세네 번은 고개를 숙이며 구부정한 자세로 걸음을 재촉해야 한다. 골목길에서 마주치는 어르신들 대부분이 몇십 년 터줏대감들이라 마흔 중반을 넘은 나를 향해 아직도 이름을 부르며 "아이고, 엄마 보러 왔어?", "저기 호떡집 딸 가는구나."라며 알은체를 해주기 때문이다.

10여 년 전, 남동생 부부는 신혼살림을 이 동네에 차렸다. 하지만 얼마 살지 않고 더 큰 동네의 아파트로 이사갔다. 올케가 이 동네에 살면서 가장 힘들었던 점이 시장을 가든, 은행을 가든, 식당을 가든 모르는 사람들이 자신을 빤히 쳐다보거나 "나, 네 시엄마 친구야."라며 먼저 인사를 할 때였다고 한다. 지금도 우스갯소리로 동생 부부에게 동네에 감시자들이 너무 많아 도망치듯 이사를 간 게 아니냐며 놀리곤 한다.

이렇게 좁고 내밀한 관계로 뒤얽힌 동네에서 처음으로 코로나19 확진자가 나왔다. 30년 넘게 시장에서 호떡 장사를 해 동네 아이들 중에 그 집 호떡과 어묵국물 먹지 않은 아이가 없다던, 인심 좋고 발이 넓은 사람. 바로, 나의 엄마다.

Part 1 엄마는 마녀가 되었다

어제까지 다정한 이웃이었던 엄마는 한순간에 동네 전체를 위협하는 존재가 되어 있었다.

왜 안 그랬겠는가. 동네 이름처럼 안락한 동네, 시장을 중심으로 서로의 안부를 주고받던 소박한 동네에 낯설고 공포스러운 바이러스를 데리고 온 사람, 게다가 노년 인구가 대부분인 동네에서 생활 터전인 목욕탕과 병원, 시장을 바지런하게 돌아다녔던 사람이 아닌가.

40년 가까이 시장에서 열심히 장사하고 주위 사람들에게도 인정을 베풀어 '장한 어머니상'까지 받았던 엄마였지만, 코로나19 바이러스라는 악의 기운을 퍼뜨리는 엄마는 '마녀'로 낙인찍히기에 모든 조건이 완벽했을지도 모른다.

끈끈하고 선량해 보이던 동네 사람들은 난생처음 경험하는 바이러스의 공포에 점점 날을 세우고 폐쇄적이 되어 갔다. 순박하고 평화롭던 동네에 나쁜 것, 외부의 위험을 안으로 들어온 존재는 40년간 동고동락했던 이웃이라 해도 결코 그들이 품을 수 없는, 오히려 배척해야 하는 존재였다.

게다가 엄마의 삶은 거의 모든 것이 공개되어 있었

다. 엄마가 중환자실에 우두커니 앉아 혼자 눈물만 흘리며 침묵을 지키던 순간에도 엄마의 전화기만은 홀로 요란스럽게 울었다. 처음엔 눈물을 훔치며 전화를 받았지만 엄마는 이내 전화 받기를 포기했다. 동네 사람들은 전화를 걸어 처음에는 안부를 묻는 척하다 곧 언제부터 증상이 나타났느냐, 어디에서 옮아온 것 같으냐, 며칠 사이에 자신의 집이나 가게에 혹시 왔다 가지 않았느냐며 꼬치꼬치 물었다고 한다. 엄마가 병원에서 치료를 끝낸 후 집으로 돌아온 후에도 이러한 추궁은 계속되었다.

완치 판정을 받은 후에도 엄마는 집 밖을 거의 나가지 않았다. 하지만 집 안에만 있는 것이 갑갑해 옥상에 잠깐 올라 가볍게 몸을 풀고 있으면 건너편 집 아주머니는 엄마를 매섭게 쳐다보고는 문을 닫고 들어가 버렸다. 낮에는 사람들 눈이 무서워 밤이 되어 모자를 눌러쓰고 생필품을 사러 나가면 누군가 엄마를 알아보고 소문을 냈다. 확진자가 동네를 활보하고 다닌다고. 엄마의 친구 또는 지인들은 엄마에게 전화를 걸어 걱정하는 투로 말하곤 했다.

Part 1 엄마는 마녀가 되었다

"순옥아, 당분간 동네에서 돌아다니지 않는 게 좋겠다. 사람들이 다 지켜보고 있어. 아직 집 밖에 나오면 안 되는 거 아니냐고 내가 친하니까 나보고 말하라고 하더라."

확진자로 낙인찍힌 후, 엄마의 일거수일투족은 동네 사람들에게 감시를 당했다. 엄마의 움직임들은 재판대에 올려졌고 엄마는 사람들이 많이 다니는 시간대와 길로는 다니지 말라는 판결을 받은 듯했다. 엄마의 말을 듣고 나는 엄마가 안락동 사람들에게 '마녀재판'을 받은 것만 같았다. 동네 사람들은 엄마의 작은 움직임마저 불길한 행동으로 보았고 엄마로 인해 공동체의 안전이 파괴될까 봐 전전긍긍하고 있었다.

15세기에서 17세기까지 유럽 사회에서 일어났던 '마녀사냥' 현상의 주된 공격 대상은 과부였다고 한다. 홀로 사는 여성은 원죄를 가졌으며 악마와 내통하여 심부름꾼이 되기 쉽다고 믿었다. 엄마 역시 든든한 남편이나 자식들이 항시 곁에 있었다면 사람들이 엄마를 향해 폭력과도 같은 시선을 보내거나 전화기 넘어 상처가 되는 말을 던지며 때와 시를 가리지 않고 돌팔매질할 순 없었을 것이다.

마녀처럼 엄마를 따돌린 동네 사람들을 이해하지 못하는 것은 아니다. 그들은 엄마를 따돌려서라도 안전하고 평온한 동네 안락동을 되찾고 싶었을 테니까. 엄마를 동네에서 배척시킴으로써 코로나 확진자가 아닌 그들은 더욱 하나로 뭉치게 되었을 테니까.

그래도, 그래도 마녀의 딸이 되고 보니 지금도 원망의 마음이 앞선다. 엄마가 어떤 삶을 살아왔는지 40년 넘게 지켜봐 온 가족 같은 이웃들이기에 그들의 말과 시선, 행동이 남긴 상처는 엄마와 나에게 오랫동안 흉터로 남아있을 것 같다. 가장 가까운 이에게 받은 상처는 지울 수 없는 깊은 아픔을 남긴다.

Part 1 엄마는 마녀가 되었다

마음의 상처가 남긴 몸의 자국들

동네 사람들의 수군거림은 엄마에게 씻을 수 없는 상처가 되었다. 그리고 마음의 상처는 몸 곳곳에 자국을 남겼다.

어느 날 엄마는 며칠째 귀에서 소리가 들린다고 했다. 잠자리에 들려고 눕거나 아침에 눈을 떠 일어나려고 하면 '삐'소리가 들려 너무 괴롭다고 호소했다. 낮에는 귀에서 나는 소리가 좀 잦아들지만 대신 어지러움으로 일상생활이 어렵다고 했다.

단순히 잘 쉬면 나을 것이라고 넘기기에는 상황이 심상치 않았다. 일이 바빠 며칠 만에 마주한 엄마는 병원에 있을 때보다 살이 더 빠지고 얼굴색도 좋지 않았다. 밤에도, 낮에도 잠을 제대로 이루지 못하고 먹은 음식을 소화시키는 것도 어려워 내가 사다 준 음식들이 냉장고에 그대로 있었다.

엄마를 데리고 곧장 집을 나섰다. 전화와 문자로 의학 지식이 있는 지인들에게 엄마의 증상을 설명했더니 이비인후과를 가보는 것이 좋겠다고 했다. 근처 병원의 이비인후과에서 진료와 검사를 받았고 '이명'과 '신경쇠약' 증상이라는 소견을 들었다. 의사는 일주일에 한 번씩 병원에 내원해 상태를 지켜보자고 말하며 약을 처방해 주었다.

집으로 돌아와 공부한 바에 따르면, 이명은 특정한 질환이 아니라고 한다. 귀에서 소음이 들리는 주관적 느낌을 말하는 것으로 외부에서 어떤 청각적 자극이 없지만 당사자는 소리가 들린다고 느끼는 상태이다. 엄마를 둘러싼 잘못된 소문과 엄마의 행동을 제약하는 감시의 말들이 엄마의 귀에 박혀버렸고 주위의 적막 속에서도 비명 같은 쇳소리가 엄마의 귀에만 들리고 있었다.

엄마가 처방받은 약은 신경안정제 계통이었다. 엄마는 약을 먹은 후 좀 더 오래 잘 수 있었고 귀에서 소리가 들리는 횟수도 점차 줄어들었다. 두 달 정도 이비인후과를 꾸준히 다니면서 다행히 이명과 어지러움 증상은 호전되었다.

    엄마의 몸에 나타난 이상 반응은 여기에서 그치지 않았다. 엄마는 돌아가신 외할머니를 많이 닮았다. 그래서 얼굴도, 머리카락도 나이가 들수록 할머니를 떠올리게 했다. 외할머니를 회상하면 제일 먼저 생각나는 것이 쪽진 머리였다. 팔순이 넘어 착한 치매가 왔던 할머니였지만 머리카락만큼은 새댁 같았다. 할머니가 머리를 빗기 위해 비녀를 풀면 긴 머리카락들이 '찰랑' 하고 펼쳐지던 모습을 나는 지금도 잊을 수가 없다. 외할머니를 쏙 빼닮은 엄마는 자신의 신체 중 가장 자신 있어 하는 부분이 풍성하고 까만 머리카락이었다. 코로나19에 걸리기 전까지 엄마는 머리숱 걱정은커녕 염색 한번 하지 않았다.

    이명 증상이 거의 희미해질 때쯤, 식탁에 마주 앉아 엄마와 밥을 먹다 난 숟가락질을 멈추고 말았다. 고개를 숙인 엄마의 정수리가 휑하게 비어있었다. 깜짝 놀랐지만 엄마가 당황할까 봐 다시 밥을 먹는 척하며 머리카락을 찬찬히 살폈다. 앞머리 쪽은 어느새 하얗게 세어있었고, 전체적으로 머리숱이 줄어들어 있었다.

    식사 후, 엄마와 차를 마시며 대수롭지 않은 듯 물

었다.

"우리 엄마 맘고생, 몸 고생 많아서 그런지 머리숱이 좀 줄었네. 새치도 몇 가닥 보이고, 그지? 이제야 좀 할머니 같네."

그랬더니 엄마는 머쓱해하며 대답했다.

"그렇지? 안 그래도 요즘 머리 빗기가 좀 무섭다. 머리 감거나 빗으면 바닥에 머리카락이 너무 많이 떨어져서 속상하더라고. 독한 약을 많이 먹어서 그런가 싶네."
"그럴 수 있지. 너무 걱정하지 마, 엄마! 환절기니까 나도 요즘 머리카락 많이 빠지더라. 근데 또 영양가 있는 음식 잘 챙겨 먹고 관리 잘하면 머리카락이야 금방 나니까. 내가 다음에 올 때 좋은 음식 뭐가 있는지 써 올게요."

엄마를 안심시키고 집을 나서며 곧장 올케에게 전화를 걸었다. 올케는 수년째 두피관리실을 운영하고 있고 대학에서 강의 의뢰가 들어올 정도로 피부와 두피 전문가로 인정받고 있다. 올케에게 사정을 말했더니 자신이 곧 엄마를 만나 잘 살펴보고 세심히 관리할 테니 걱정 말라며 나를 다독였다. 올케의 극진한 케어를 받은 덕분에 엄마는 몇 개월 후 예전만큼은 아니지만 그 나이대에 비하면 풍성한 머리숱을 다시 갖게 되었다.

엄마에게 찾아온 이명과 탈모가 어찌 보면 대수롭지 않은 증상일 수 있다. 당장 엄마의 생명을 위협하거나 다시 병원에 눕게 할 질병은 아니기 때문이다. 하지만 나는 엄마의 마음이 곪고 곪아 끝내 몸 밖으로 흘러나온 흔적들이란 생각이 들어 가슴이 저렸다.

누군가 엄마에게 '코로나19 완치자'라는 표현을 쓴 적이 있다. 나는 그 말을 듣고 한참 생각했다. 엄마가 진정 코로나19 바이러스의 감염으로부터 해방된 완치자일까. 엄마는 정말 예전의 생활로 돌아갈 수 있을까. 엄마를 가장 가까이에서 지켜본 나의 대답은 '아니오'이다.

엄마의 체력은 예전보다 현저히 떨어져 한 시간 넘게 거뜬히 걷던 산책 코스를 요즘은 절반도 완주하지 못한다. 지금도 도로에서 앰뷸런스 소리를 듣거나 누군가 엄마를 쳐다보는 기척만 느껴도 심장이 두근거린다고 한다. 소화불량과 두통을 호소하는 횟수도 잦아졌다. 병원에서 이런저런 검사를 해보면 딱히 나타나는 질병은 없지만, 엄마는 분명 코로나19 후유증을 겪고 있다. 엄마는 여전히 몸과 마음을 다해 이름 모를 바이러스와 싸우고 있다. 그리고 더딘 걸음이지만 예전의 자신으로 돌아가고자 하루하루 애쓰며 살아가는 '회복자'이다.

Part 1 엄마는 마녀가 되었다

소란한 꿈

꿈이란 무엇일까? 엄마는 꿈이 예지력을 갖고 있다고 믿는다. 종교는 없지만 꿈은 엄마에게 앞으로 조심할 일들을 귀띔해주는 존재로 그날 하루의 분위기를 죄우한다. 찝찝한 꿈을 꾼 날은 어김없이 자식들에게 전화를 걸어 "오늘 하루 조심하거라."는 말을 남긴다.

  그럼 우린 엄마가 오늘 또 좋지 않은 꿈을 꾸었구나 하고 자세히 묻지 않는다. 그 꿈이 맞은 적은 별로 없는 것 같지만, 엄마는 꿈이 무언가 계시를 준다고 확신하는 듯하다. 혹시 우리에게 작은 사고가 닥치면 "어쩐지 며칠 꿈자리가 사납더라."는 뒷말을 남기곤 한다.

  엄마는 해몽을 중요하게 생각한다. 의미를 알 수 없는 꿈을 꾼 날은 나에게 꿈풀이를 검색해달라고 요청한다. 대학생 때 방송작가가 되는 데에 도움이 될까 싶어 '정보검색사'라는 이름의 민간자격증을 딴 적이 있는데, 이제 와 생각하면 가족들의 각종 민원을 처리하고 궁금증을 풀어주기 위해 그 자격증을 딴 게 아닌가 싶다.

코로나19 확진 후 엄마는 비슷한 꿈을 반복해서 꾼다고 했다. 하나는 사람이 많은 곳을 방문해 신발을 벗어뒀는데 자신의 신발만 없어져 당황하고 신발을 애타게 찾다가 깨는 꿈이다. 또 하나는 어디선가 매번 길을 잃고 헤맨다고 했다. 모르는 동네이기도 하고, 산길이기도 한, 아무튼 미로 같은 그곳에서 두리번거리고 동행한 사람들을 부른다고 했다. 실제 엄마와 같이 잠들 기회가 몇 번 있었는데, 엄마가 "저기요!"를 중얼거리거나 "여기가 어디야?"를 반복하는 잠꼬대를 들은 적이 있다.

엄마는 어김없이 나에게 꿈에 대한 검색을 부탁했다. 인터넷을 통해 굳이 해몽을 하지 않아도 꿈의 의미를 어렴풋이 알 것 같았다.

《꿈의 해석》을 쓴 프로이트는 꿈이 무의식을 드러내고 충족되지 못한 욕구가 발현하는 것이라고 했다. 프로이트가 엄마의 꿈을 해석하든, 한국식 꿈풀이를 하든 그 꿈들은 엄마가 겪는 일상의 불안과 초조를 대변하는 것이었으리라.

엄마는 동네라는 작은 사회에서 자신의 신발로 상징되는 본인의 자리를 되찾고 싶은 게 아닐까. 모르는 미지의 곳이 아니라 눈을 감고도 길을 찾을 수 있는 익숙한 이곳에서 다시 안정된 삶을 살아가고 싶은 것일지 모른다.

엄마에게 인터넷에서 여러 개의 꿈풀이를 찾아 차례로 읊어주었다. 엄마는 "그렇구나."하며 고개를 끄덕일 뿐이었다.

순간, 어쩌면 엄마도 꿈의 의미가 무엇인지 이미 알고 있는 게 아닐까 하는 생각이 스쳤다. 나와 가족들에게 지금의 혼란스러운 마음을 들려주고, 함께 자신의 신발을 찾아 길을 나서 달라고 요청하고 있는 것은 아니었을까. 엄마는 일상에서는 점점 말을 잃어갔지만, 꿈에서는 그 어느 때보다 소란스러운 나날들을 이어가고 있었다.

엄마가 동네에서 첫 코로나19 확진자가 되고 따돌림을 당한다는 소식을 듣고 나의 지인들은 물었다. 엄마를 그 동네에 왜 그냥 두는 것이냐고. 나 역시 동네 사람들의 시선과 혀의 날카로움에 엄마의 가슴이 베일 때마다 권유했다. 내가 지금 사는 동네나 동생의 집 근처로 이사 가자고 말이다. 하지만 그 곤란함과 두려움을 겪으면서도 엄마의 대답은 한결같았다.

"그래도 여기서 살아야지. 내가 잘못한 게 없는데, 곧 괜찮아지겠지. 그리고 이겨내야지. 사람들한테 알려줄래, 나 아직 죽지 않았다고. 평생 땀 흘려 마련한 내 집 두고 어딜 가겠어."

엄마 나이 스물아홉에 안락동에 처음 터를 잡았고 이제 예순아홉이 되었다. 교통사고로 하루아침에 남편이 떠난 후 일곱 살 딸은 손을 잡고 네 살 아들은 등에 업은 채 동네에 작은 가게를 얻었다. 처음엔 과자 몇 개를 갖다 놓고 팔다가 떡볶이와 어묵을 꽂아 팔기 시작했고 나중엔 동네에서 제일 유명한 호떡집이 되었다.

한 자리에서 분식을 만들어 팔며 남매를 대학까지 보냈고 대출 없이 현금을 고스란히 다 내고 가게 옆 연립주택 한 칸을 샀다. 엄마의 땀과 눈물로 마련한 첫 내 집이었다. 잇따른 허리 수술과 폐 수술로 끝내 장사를 접고 이제 자식들에게 용돈을 받으며 살고 있지만,

엄마는 이 동네에서 여전히 호떡 아줌마로 불렸고 그것은 엄마의 또 다른 이름이기도 했다. 동네엔 40여 년 동안 엄마의 발길이 닿지 않은 곳이 없었고 엄마의 고소한 호떡 향기가 스미지 않은 곳이 없었다. 추억이 없는 낯선 지역에서 다시 삶을 시작한다는 것을 엄마는 상상할 수도 없고, 용기 낼 수도 없다고 했다.

엄마가 자주 꾼다는 꿈 이야기를 들은 후, 나와 나머지 가족들은 엄마에게 이사 가자는 말을 더 이상 꺼내지 않기로 했다. 꿈이 들려주는 엄마의 욕망은 엄마의 역사가 깃든 이곳 안락동에서 다시 자신의 신발을 신고 당당히 길을 찾아 나서는 것일 테니까. 가족들은 다만 엄마가 혼자라는 외로움을 느끼지 않도록 곁에서 가만히 동행하자고 약속했다.

스몰 드라우미와 내려진 스카프

열 살 소녀인 조카와 길을 걷고 있었다. 한 손에 새로 산 장난감을 들고 신나게 걷던 조카가 갑자기 멈춰 섰다. 무슨 일인가 싶어 고개를 돌렸더니 조카가 고양이 카페 입간판을 가만히 바라보았다.

"수민아, 고양이 카페 가고 싶어? 지금은 엄마, 아빠가 기다려서 저기서 놀 시간이 없는데, 어쩌지?"

"아뇨. 고모, 저 사진 속 고양이 우리 수동이 닮지 않았어요?"

"응? 아, 그러네."

수동이는 조카가 처음 키운 고양이다. 동생이 있었으면 좋겠다는 조카를 위해 수민이 부모는 고양이를

Part 1 엄마는 마녀가 되었다

입양했다. 조카는 자신의 이름 앞 글자를 따서 '수민이 동생'이란 뜻으로 직접 이름을 지었고, 집사가 아닌 누나로서 같이 놀아주며 함께 자랐다. 그러다 잠깐, 아주 잠깐 현관문이 열린 틈에 집 밖으로 나간 수동이는 끝내 돌아오지 않았다.

정말 간판 속 고양이는 새하얀 털이며 동글동글한 눈망울이 수동이를 닮아 있었다. 하지만 분명 수동이는 아니었다. 간판을 한참 쳐다보던 조카는 다시 내 손을 잡고 걸으며 말했다.

"수동이는 내 트라우마예요. 수동이 생각만 하면 마음이 안 좋아요."

"트라우마? 네가 트라우마란 말을 알아? 그게 무슨 뜻이야?"

"음……. 뜻은 잘 몰라요. 근데 친구들도 많이 쓰는 말이에요. 그냥 뭘 보면 슬퍼지거나 무서울 때 트라우마 있다고 하던데요?"

10년 안팎의 삶에서도 저마다 트라우마를 가지고 살고 있다니. 인생은 고통의 연속이라고 말한 쇼펜하

우어의 철학이 틀리지 않은 모양이다.

'트라우마'란 충격적인 사건에 따른 심리적 외상이라고 막연하게 알고 있었다. 그런데 얼마 전 심리학 교재에서 트라우마를 '빅 트라우마'와 '스몰 트라우마'로 나눌 수 있다는 내용을 접했다. 빅 트라우마는 불의의 사고나 가족의 죽음, 전쟁이나 천재지변과 같이 삶에 커다란 충격을 주는 사건으로 인해 극적인 영향을 미치는 경험을 일컫는다. 반면, 스몰 트라우마는 개인의 일상에서 흔히 겪을 수 있는 사건으로 삶 속에서 자존감을 잃게 만드는 경험이다. 이런 경험들로 마음이 다친 개인은 자신에 대해 부정적인 믿음을 만들어내고 점점 위축되어 간다.

조카의 친구들 사이에서 통용되는 트라우마의 의미는 스몰 트라우마에 가깝다. 그러고 보니 스몰 트라우마가 없는 사람은 거의 없겠구나 싶었다. 그런데 누구나 겪을 수 있는 스몰 트라우마라고 해서 가벼이 여겨도 괜찮은 것일까?

엄마는 코로나19를 만나며 자신 안에 여러 개의 스몰 트라우마를 품게 된 듯하다. 그중 오늘은 어떤 녀석이 툭 하고 튀어나와 엄마의 하루를 깜깜하게 물들일지 모를 뿐이다.

예를 들면 이런 식이다. 길을 걸으며 잘 가다가 도로에서 사이렌 소리를 들을 때, 여럿이서 한 공간에 있다가 다른 사람들이 다 나가고 혼자 남겨진 사실을 문득 깨달았을 때, 분명 아는 사람이라 눈을 마주쳤는데 고개를 돌리거나 엄마를 피해 다른 골목으로 간다는 사실을 알아차렸을 때 엄마는 순간 세상이 무섭고 사람에게 배신감을 느낀다고 말했다.

한 번은 내가 새 스카프를 선물한 일이 있다. 엄마는 스카프를 목에 두르지 못하고 한참 바라보았다. 그러더니 눈물을 글썽이며 스카프를 보니 서러운 감정이 몰려든다고 하는 것이 아닌가. 병원에 입원하여 코로나19 확진 판정을 받은 엄마는 곧장 일반 병실을 비우라는 통보를 받았다. 엄마는 급박하게 돌아가는 상황에 놀라 가방에 옷과 생필품들을 정신없이 주워 담고 병실을 나섰다. 그때 병원에서 고용한 간병인이 날카로운 목소리로 엄마를 불러 세웠다.

"아줌마, 이거 가져가세요!"

간병인이 복도 바닥에 내던진 것은 엄마의 스카프였다. 엄마는 주위 사람들이 수군대는 소리를 들으며 스카프를 주워 담았다. 복도에 아무렇게나 나뒹굴고 있는 스카프가 마치 자신의 처지 같았다던 엄마. 스카프처럼 자신도 사람들이 더럽게 여기는 존재가 되어 내팽개쳐지고 결국 쓸모없으니 세상에서 사라져 버리라는 것은 아닌지 두려웠다고 고백했다.

빅 트라우마가 일상을 뒤흔드는 큰 충격적 사건에서 비롯되었다면, 스몰 트라우마는 자신감과 자존감이 떨어지게 만드는 작은 사건들이 상처를 남긴 것이라 할 수 있다. 트라우마의 크기에 상관없이, 어른이나 아이에 상관없이 트라우마를 겪는 사람이 있다면 곁에서 말해주어야 한다. 당신의 잘못으로 과거의 일이 일어난 것이 아니라고 분명하게 전해야 한다. 당신의 고통을 충분히 이해할 수 있다고 몇 번이고 반복해 정서적 지지를 보내고 손을 맞잡으며 안심시켜주려는 공감의 태도가 중요하다.

이 사실을 몰라 나와 가족들도 한동안 엄마에게 치유의 말을 건네지 못했다. "엄마 마음이 약해서 그래.", "다른 사람들은 무서우니 피할 수 있지.", "아무도 엄마를 무시하지 못하게 매섭게 노려보고 강하게 행동해." 등의 말들을 하기도 했지만, 결국은 어느 하나 도움이 되지 못했다. 때론 스몰 트라우마를 더 강화시킬 뿐이었다.

엄마를 돌보며 스몰 트라우마의 기억을 어떻게 대해야 할지 어렴풋이 알게 된 나는 고양이를 잃어버린 상처가 되살아난 조카에게 말해주었다.

"수민아, 수동이를 잃어버린 건 수민이의 잘못도, 가족들의 잘못도 아니야. 그래도 동생을 찾을 수 없으니 수동이를 닮은 고양이를 볼 때마다 수민이 마음이 아픈 건 당연하단다. 그때마다 고모도 함께 수동이를 그리워하며 수민이와 같은 마음이 되어 줄게. 그리고 수동이가 집에는 돌아오지 않았지만 수동이를 우리보다 더 사랑해주는 누군가와 함께 있다고 믿자. 알았지?"

트라우마의 치유는 혼자라는 생각이 들지 않게, 서로의 고통을 공유하는 데에서 출발한다.

코로나 불안과 은밀한 고통

코로나19 후 엄마의 일상을 삼켜버린 감정은 두려움과 외로움이었다. 평생 자신의 울타리였다고 믿었던 동네를 떠나야 할지 몰랐다. 자신의 전부이자 자랑이던 자식들이 자가격리를 하고 코로나19 검사를 연이어 받으며 하던 일에 피해를 입었다. 사랑하는 이들이 자신에게 등을 돌리면 어쩌나 하는 걱정이 덩굴처럼 뻗어나갔다. 낮에는 입안이 까끌거려 밥도 잘 넘어가지 않았고 밤에는 새벽까지 잠 못 이루는 날이 많았다. 제대로 먹지 못하고 잠들지 못하니 피로가 쌓이고 살이 빠졌다. 시간은 엄마에게만 더디 흘러가는 것 같았고 이 세상에 우두커니 홀로 서 있는 기분이었다고 한다. 몇 달 동안 엄마는 하고 싶은 일도, 할 수 있는 힘도 없었다.

그런데 코로나19로 일상에 큰 변화를 만나 우울감

이나 무기력증을 호소하는 사람은 엄마만이 아니었다. 실제 건강보험심사평가원에 따르면 코로나19 사태 이전인 2016년보다 팬데믹 상황이 한창인 2020년에 병원을 찾은 우울증 환자가 30퍼센트나 늘어났다고 한다. '코로나19'와 '우울감(blue)'이 합쳐진 신조어 '코로나 블루'라는 말도 생겨났다.

의료전문가들은 '코로나 블루'를 이겨내려면 규칙적인 수면과 식사로 우선은 일상의 리듬을 되찾아야 한다고 충고했다. 코로나19와 관련된 뉴스를 보면 과도한 공포나 불안이 생길 수 있으니 오히려 뉴스에서 멀어지라고 했다. 무엇보다 주변에 자신의 코로나19 확진 경험을, 그리고 우울한 상태를 알려서 도움이나 치료를 받는 열린 자세가 필요하다고 조언했다. 하지만 전문가의 지침을 따르는 것이 쉽지 않았다. 엄마를 돌봐야 하는 나부터도 세상을 향해 엄마가 코로나19 회복자라고, 우울증을 앓고 있다고 선뜻 외칠 수 없었다.

이 글을 쓰는 순간까지도 엄마가 코로나19 확진자였다는 사실을 전하지 못한 지인들이 있다. 친하다면서 왜 쉽게 말을 꺼내지 못했을까 돌이켜보면 공감받지 못하거나 나를 피하면 어쩌나 하는 두려움 때문이었다. 내 주위에는 어린아이를 키우는 동생이나 후배들이 많다. 기자나 PD, 교사처럼 팬데믹 상황에서도 많은 사람들을 대면해야 하는 직업군들이 가까이에 있다. 그들에게 괜한 불안감을 줄 필요가 없다고 생각했다. 엄마가 어느 정도 회복되고 나서야 우리 가족에게도 몇 개월 전 이런 일이 일어났다며 조심스레 이야기를 꺼낼 수 있었다.

한동안 코로나19에 걸린 유명인의 기사에 '고백'이란 단어가 심심치 않게 등장했다. '정치인의 코로나19 감염 고백', '할리우드 여배우 코로나19 후유증 고백', '아이돌 가수 코로나19로 우울감 고백' 같은 기사들이 연이어 나왔다. 기사 제목들은 대중에게 사랑과 지지를 받는 사람도 자신이 확진자라고 알리는 일은 쉽지 않다는 것을 전제하고 있었다. 이 바이러스에 감염되면 숨기지 않고, 솔직하게 말하는 데에 용기가 필요하다고 말해주는 듯했다.

기사를 읽고 이상하게 안도감이 들었다. 오래도록 엄마를 괴롭히는 죄책감을, 엄마를 바라보며 가족들이 느끼는 안타까움을 이해받을 수 있다는 희망이 엿보였다. 엄마도 비슷한 경험을 했다. 인기 가도를 달리는 젊은 트로트 가수들이 줄줄이 코로나19에 걸렸을 때 엄마는 동병상련을 느꼈다. 몇 주 후 그들이 다시 나와 방송 활동을 활발히 하자 엄마는 자신의 일처럼 기뻐했다. 혼자 싸운다고 느끼던 엄마가 누군가와 함께 이겨내고 있다는 연결의 마음을 갖게 된 순간이었다. 그리고 그들의 노래를 듣고 무대를 보며 조금씩 미소와 활력을 되찾아갔다.

우울증에 빠지면 어둡고 깊은 터널 속을 혼자 걷는 것처럼 고립감을 느낀다고 한다. 한동안 삶의 의욕을 잃어가던 엄마가 가족이나 친구보다 텔레비전 속 가수들에게 더 위안을 받는 모습을 보며 생각했다. 엄마에게 진짜 필요한 것은 이겨낼 수 있다는 격려와 힘내라는 응원이 아니었다. 나도 당신처럼 힘들었다고, 지금 느끼는 불안과 고독이 당연하다고 말해주는 은밀한 고백과 공감의 끄덕임이었다. 어디에선가 나와 같은 경험을 한 이들이 동행하고 있다는 연대감이 엄마에게는 캄캄한 터널 속 희망의 빛줄기가 되었다.

Part 2

돌봄 노동이 일상으로 들어오다

집착과 기대 그 사이

리베카 솔닛은 책 《멀고도 가까운》에서 살구를 통해 어머니와 자신의 관계를 되짚는다. 어머니가 돌아가시며 남긴 살구나무에서 딴 살구는 그녀의 거실을 뒤덮어버리고 부담으로 남았다. 살구는 그녀와 어머니의 이야기를 풀어내는 실마리고 멀고도 가까운 모녀 사이를 상징하는 존재다.

    엄마가 코로나19 회복기를 거치는 동안 나는 자주 이 책에 기댔다. 엄마에게 받은 살구가 내게도 있을까, 있다면 무엇일까 생각했다.

    리베카 솔닛의 어머니는 작가인 딸의 하루를 "너는 온종일 집 안에만 있으면서 아무것도 안 하잖아."라고 묘사했다. 그녀처럼 뛰어난 작가는 아니지만 글을 쓰고 간간히 강의를 하며 사는 나의 일상도 다르지 않다. 내가

Part 2 돌봄 노동이 일상으로 들어오다

유일한 딸이자 시간을 자유롭게 쓸 수 있는 직업을 가졌기에 엄마의 곁에 가장 오래 머물고 쉽게 찾는 가족이 되었다.

리베카 솔닛에게 어머니가 돌아가신 후에도 살구를 처리하는 일이 남았듯이 나에겐 코로나19 확진자가 된 엄마 대신 병원을 돌며 약을 타는 일이 주어졌다.

엄마가 매일 빼놓지 않고 먹어야 하는 약은 크게 네 종류다. 천식과 폐 건강을 위한 호흡 약, 고혈압을 낮추는 약과 방광염을 예방하기 위한 약, 그리고 밤사이 매시간 엄마를 깨워 화장실로 향하게 하는 빈뇨를 다스리는 약까지. 2주마다 처방받는 약, 한 달마다 처방받는 약, 석 달에 한 번씩 병원을 찾아야 하는 약까지 그 모든 것의 일정이 나의 스케줄표로 들어왔다.

엄마가 집 밖을 나서길 두려워해 처음 한두 달은 나 혼자 병원을 다녔다. 내가 엄마의 딸이란 것을 증명하는 가족관계 증명서를 품에 지니고 다녀야 했다. 엄마 대신 진료실에 들어가 의사에게 엄마의 상황을 간결하지만 호소력 있게 설명하고 최대한 많은 양의 약을 달라고 부탁했다. 5분도 채 되지 않는 의사와의 만남을 위해 병원에서 두 시간 넘게 대기하기도 일쑤였다. 시간을 들인 만큼 돈이 들어오는 프리랜서의 일상에서 많은 것을 포기할 수밖에 없었다.

우선, 강의료는 적지만 보람을 느낄 수 있어 이어가던 주부나 성인 대상 강의들을 차례로 취소했다. 기한이 촉박한 원고 청탁도 거절했다. 마음이 쫓기는 일까지 맡는다면 가슴이 바짝바짝 타들어 갈 것 같았다.

일상을 느슨하게 조율했음에도 왠지 모를 답답함과 화가 마음에 쌓였다. 아침과 저녁, 하루 두 번의 전화에서 동네 사람들에 대한 원망과 서글픔을 반복해 얘기하는 엄마에게도 조금씩 지쳐갔다.

엄마는 원래 성격이 급한 분인데, 코로나19를 경험하곤 불안이 더 커져 당장 처리하지 않아도 되는 일에 안달복달했다. 특히 생필품에 대한 집착이 커졌는데 물이나 쌀, 세제와 같은 것이 꽉꽉 채워져 있지 않으면 불안해했다.

엄마 주위에는 오지랖이 넓고 자기 신념에 찬 지인들만 있는 것인지, 그들은 엄마에게 전화를 해서 출처를 알 수 없거나 오류가 있는 사실들을 전했다. 그런 정보를 가만히 듣고 있다 궁금증이 쌓이면 엄마는 내게 전화를 했다.

"미야, ○○엄마도 코로나 확진됐는데 정부에서 돈을 받았다던데. 자기도 받고, 자기 때문에 격리한 사람도 받았대. 나도 동사무소 가볼까?"

"미야, 우리 동네에서 확진된 다른 사람은 병원비 하나도 안 냈다고, 나 보고도 병원 전화해서 따지라는데 사실이니?"

"미야, 뉴스 보니까 코로나 후유증이 더 겁난다던데. 나도 다시 건강검진 받아볼까?"

결국 나는, 폭발했다.

"엄마, 제발! 그만 좀 해요. 그 사람들하고 엄마하곤 상황이 다르다고 몇 번 말해요. 내가 다 알아봤다고, 똑같은 질문 지난번에도 하셨잖아. 나도 좀 살자고요. 나도 지쳐요!"

소리치듯 내뱉고 전화를 먼저 끊어버렸다. 옆에 남편이 있는 것도 잊고 아이처럼 엉엉 울었다.

시간이 얼마나 흘렀을까. 등을 토닥토닥 두드리는 남편의 손길이 느껴졌다. 한바탕 울고 나니 마음이 좀 가라앉고 창피함이 밀려왔다. 혼자 울고 있을 엄마가 떠올랐다. 남편이 말했다.

"후회되지? 어머니가 걱정되지? 너도 많이 지쳤던 거야. 근데 어머니도 네가 갑자기 화를 내니 많이 놀라셨을 것 같아. 평소에 어머니에게 네 감정이나 힘듦을 표현한 적이 없잖아. 마음을 좀 진정시키고 어머니한테 차분히 설명을 드려. 제삼자인 내가 봤을 땐, 어머니와 너 사이에 감정의 거리두기가 필요한 시기인 것 같아. 아무리 엄마와 딸 사이라도 지금처럼 모든 걸 공유하며 살 순 없지 않을까?"

그랬다. 엄마와 나 사이엔 틈이 필요했다. 서로의 감정이 부딪히지 않게 해 줄 숨구멍, 서로의 상태를 제대로 읽기 위해 한 걸음 뒤로 물러서는 거리감 말이다. 몇 달간 엄마가 나인 듯, 내가 엄마인 듯 한데 뭉쳐 있어 이제는 상대의 얼굴도 제대로 바라보지 못하는 상황에 이른 게 아닐까.

엄마 곁에서 나도 힘들다는 것을 나조차 몰랐다. 참다 참다 폭발한 감정이 엄마에게 또 다른 상처를 준다는 사실을 그때는 알지 못했다. 지금은 후회한다. 그때 소리친 일을 후회하는 것이 아니다. 내가 엄마의 보호

Part 2 돌봄 노동이 일상으로 들어오다

자이니 무조건 다 받아줘야 한다고 여기던 나의 오만함을 반성한다.

그날 밤, 엄마에게 긴 문자를 보냈다. 말로 전하면 허공에 사라져 버릴까 봐, 눈물에 막혀버릴까 봐 글로 마음을 전했다.

[엄마, 아까 소리쳐서 미안해요. 내가 화낸 건 엄마 때문이 아니야. 엄마를 둘러싼 상황에 화가 난 거예요. 마음에 두지 말라고 해도 엄마 마음에 남을 못된 말을 해서 나도 많이 아프고 속상해요. 엄미도 많이 힘들지? 여기저기서 들려오는 소리에 혼란스럽고 불안하지? 근데 나도 그렇다, 엄마? 그러니까 우리 둘 다 미리 걱정하고 두려워하지 말고 오늘만 살면 어때? 내일의 돈 걱정, 내일 아프면 어쩌나 하는 걱정에 오늘 누릴 수 있는 엄마와 나의 시간을 우울하게 써버리는 게 너무 아깝잖아요. 그리고 엄마, 아파도 돼! 아파도 행복할 수 있어. 또 다른 질병이 찾아오면 새로 온 심술궂은 친구라고 생각하고 살살 달래 가며 살아가 보자. 엄마 몸, 70년이나 애쓰며 살았잖아. 아픈 게 당연하고, 쉬고 싶어서 아픈 것일 수도 있으니 탓하지 말고, 원망도 말고, 엄마가 아픈 건 잘못이 아니니까 아프다고 미안해하지 말아요. 엄마, 나도 아직 엄마의 보살핌이 필요한 철

부지 마흔여섯 딸이에요. 내 옆에서 나랑 투닥거리며 지금처럼 계속 살아가요. 난 엄마가 필요해. 나도 이제 아플 땐 엄마한테 기댈게. 사랑해, 엄마!]

다음 날 아침, 엄마에게 먼저 전화가 왔다.

"잘 잤니? 많이 울어서 얼굴 퉁퉁 부었지? 엄마는 괜찮다. 네 얘기 들으니 엄마도 정신이 번쩍 들더라. 엄마도 혼자 할 수 있는 일, 다시 혼자 해볼게. 잘할 수 있다. 그러니 이제 나한테거는 전화도 줄여. 나도 너 귀찮아! 나한테 집착 그만해 줘."

우리는 다시, 웃었다.

그러다 며칠 후 서로에게 또 짜증을 내고 금세 눈물을 찔끔 흘리며 사과하고 이내 누군가를 같이 험담하며 "맞지? 내 말이!"를 거듭하면서 이심전심이 되었다. 남편은 이런 모녀를 지켜보며 고개를 절레절레 흔들고 미소 짓고 어깨를 토닥여주었다.

그래도 그날 이후 엄마와 나의 마음의 거리는 조금씩 멀어지고 있고 그만큼 모녀 사이에서 가슴에 박힐 상처의 말을 주고받을 일도 줄어들었다. 엄마와 나 사이에 풀어야 할 숙제인 '살구'가 없어진 것은 아니지만 그 양은 점점 적어지고 있음을 느낀다.

넘치는 가족애를 덜어낼 시간

부끄럽지만 라디오 방송에 출연한 적이 있다. 과거 방송작가였을 때는 라디오 부스 바깥이나 텔레비전 스튜디오 밖이 나의 자리였다. 그런데 운이 좋게 책을 내고 나니 종종 출연자로 섭외받는 일이 생겼다. 책을 낸 작가나 미디어 연구자로 방송에 출연하면 마지막에 진행자가 던지는 질문이 비슷했다. 앞으로의 계획이나 꿈이 무엇이냐고.

돌이켜보면 그때마다 거대한 목표나 야심 찬 계획을 말하기보다 가족 이야기로 마무리를 지었다. 가족에게 공감받을 수 있는 글을 계속 쓰겠다거나 내 가족이 미디어로 더 풍요로운 일상을 이어갈 방법이 무엇인지 연구하겠다는 따위의 답이었다. 가족애는 내가 삶에서 가장 중요하게 여기는 가치였고 인생의 방향을 정하는 선택마다 가족의 행복이 기준이 되었다.

과하면 모자란 것만 못하다고 했던가. 가족에 대한 나의 사랑은 차고 넘쳐 오히려 나와 가족의 관계를 숨막히게 조이고 있었다. 내가 가족에게, 가족이 나에게 압박감을 주는 존재임을 자각한 것은 엄마의 코로나19 확진 덕분이었다.

나와 남편은 이른바 '딩크족'이다. 딩크족은 자녀 양육보다 부부의 생활을 더 중요시하여 선택적으로 자녀를 가지지 않는 맞벌이 부부를 말한다. 우리 부부가 처음부터 딩크족이 되기로 결심한 것은 아니다. 결혼 초에는 아이를 갖기 위해 노력했지만 몇 번의 유산을 경험했고 그 과정에서 자녀의 출산보다 부부 두 사람의 행복에 더 집중하자는 데에 뜻을 모았다.

시댁과 친정 형제 중 무자녀 부부는 우리뿐이다. 남편과 나는 형제들을 배려한다며 양가 부모님 곁에서 다른 형제들보다 조금 더 신경을 쏟는 삶을 살았다. 아이 한 명을 키우는 일에 얼마나 많은 노고가 들어가는지 잘 알기 때문이었다. 형제들에 비해 부모님을 찾아뵙는 횟수가 많아지고 경제적 지원도 조금씩 늘어가자 부모를 제일 사랑하는 사람이 우리 부부라는 건방진 생각이 커졌다.

　엄마가 코로나19 회복자가 되어 일상을 이어갈 즈음, 엄마의 모든 결정은 나를 통해 이뤄지고 있었다. 병원 방문과 운동, TV 시청이 전부인 하루 스케줄이지만 엄마는 언제, 얼마만큼의 양으로 그 일들을 수행했는지 매일 저녁 나에게 보고했다. 엄마가 혼자 판단할 수 있는 일도 내게 먼저 허락을 구했고 일이 있어 전화를 받지 못했거나 내가 모르는 일정을 소화하고 나서는 연신 미안하다는 말을 했다. 엄마가 예측 가능한 패턴 속에서 나의 신경을 거슬리게 하지 않기를 나 역시 은근히 강요하고 있었다. 엄마를 위해 내 생활의 많은 부분을 희생하고 있으니 그래도 되는 줄 알았다.

　그러던 어느 날이었다. 엄마의 대학병원 정기검진 날이 다가오고 있었다. 대학병원은 친정집에서 한 시간 반 거리에 있어 엄마를 모시고 다니는 일은 항상 동생의 몫이었다. 동생은 엄마의 진료일에 맞춰 운영하는 가게의 휴일을 미리 정해 놓았다. 그런데도 나는 동생이 미덥지 않았던 모양이다. 일주일 전부터 혹시나 하는 생각에 동생에게 계속 문자를 보내 확인하곤 했다. 결국 동생에게 알고 있다는 답장을 받고서야 안심했다.

    드디어 대학병원 진료일, 그날도 실시간으로 엄마의 동선을 그리며 동생에게 연락이 오길 기다렸다. '지금쯤 검사실에 들어갔을 텐데…', '이젠 의사를 만났을 텐데…', '어떤 약을 처방받았을까?' 나는 핸드폰에서 눈을 떼지 못했다. 그때 전화벨이 울렸다. 동생은 마치 상사에게 업무 보고를 하듯 병원에서 진행된 일을 설명했다.

    그런데 엄마의 행동이 좀 이상하다고 말했다. 급할 일이 없는데 연신 바쁘게 행동하더라는 것이다. 진료를 앞두고 화장실을 다녀오는데 빨리 오려다 넘어질 뻔하는 아찔한 순간도 있었다고 했다. 동생이 엄마에게 왜 그러시냐고, 누가 쫓아오냐고 물었더니 돌아오는 대답은 이랬다.

"아니, 누나가 너 힘들지 않게 하라고 했거든. 그리고 너 바쁘니까 늦지 않게 미리 준비하고 있으라고. 누나한테 엄마 넘어질 뻔한 건 절대 말하지 마라. 너희 누나 화내면 무서워. 난 요즘 너희 누나가 제일 무섭다."

동생과 통화를 끝내고 한동안 머리가 멍했다. 엄마를 위해 가장 많은 희생을 하는 내가 제일 무서운 존재라고 말하다니! 충격이었다. 처음에는 억울하고 화가 났다. 나는 엄마를 위해 한 말과 행동이었는데, 그것이 엄마에게 부정적 영향을 준다는 사실을 믿을 수가 없었다. 그러나 이내 깨달았다. 내가 엄마를 보살피며 스트레스를 받을수록 엄마와 다른 가족들에게 결코 좋은 태도를 취할 수 없다는 사실을 말이다. 이러한 상황이 반복된다면 나도 모르게 가족에게 상처가 되는 말과 행동을 하는 일이 잦아지지 않을까.

매번 동생 또한 얼마나 숨 막혔을까, 하는 생각도 들었다. 동생은 엄마의 건강을 누구보다 염려하는 아들이고 자신의 생업을 포기하고 병원에 동행할 만큼 부모를 돌보는 일에 책임감을 갖는 사람인데 나의 아둔함이 그 사실을 미처 보지 못하고 있었다.

그렇다! 나 혼자서는 엄마에게 완벽한 돌봄을 선사할 수 없다. 오히려 내가 돌봄의 전 과정을 지배하려 과욕을 부린다면 나의 몸이 제일 먼저 지칠 것이고 내 일상이 뒷전으로 밀려 삶의 균형을 잃게 될 것이다. 나와 엄마, 다른 가족 구성원과의 건강한 관계를 유지하기 위해서라도 스스로 엄마의 삶을 재단할 수 있다는 착각에서 벗어나야 할 때다. 이제는 가족에 대한 의존도를 낮추고 나만의 세계를 구축해야 하지 않을까. 그래서 말인데, 앞으로 누군가 나의 계획을 묻는다면 스스로를 더 잘 보살피는 일이라고 단호하게 답하려 한다.

자매애를 심은 택배 상자

엄마에겐 언니와 동생이 있다. 1950년대 베이비부머 세대인 엄마와 이모들은 그 시대 가장 흔한 이름 중 하나라는 '옥' 자 돌림이다. '옥 자매' 중 중간인 엄마와 막내이모는 줄곧 부산에서 함께 살았다. 활달하지만 겁이 많고 소심한 성격의 엄마에 비해 막내이모는 맺고 끊음이 분명하고 강단이 있어 젊은 시절, 엄마는 막내이모를 많이 의지했다. 아빠가 없는 가정에서 나 역시 막내이모를 아빠로 여기며 어려운 일이 생길 때마다 도움을 요청하곤 했다. 엄마에게 막내이모는 동생이었지만 때론 언니 같고 때론 남편 같은 든든한 자매였다.

반면 엄마의 언니는 워낙 이른 나이에 결혼해 부산과는 거리가 떨어진 통영으로 시집을 갔다. 큰이모는 통영에서 문구점을 운영했는데, 이모부와 두 자녀를 챙기는 일도 바빴지만 학기 중에는 가게 일이 워낙 많았다. 두 사람이 어쩌다 통화라도 하면 문구점을 찾아온 손님을 응대하느라 이모가 먼저 "잠깐만."을 외쳐 침묵이 흘렀고, 이모가 돌아오면 또 엄마 쪽에서 "언니야, 잠깐만. 손님 왔다."를 외치게 되어 짧은 대화를 이어가기도 쉽지 않았다. 사정이 이렇다 보니 어린 시절 나는 큰이모와 엄마 관계가 특별히 끈끈하다는 느낌을 받지 못했다.

엄마와 이모들이 예순을 넘겨 노년에 들어서자 관계에 변화가 생겼다. 막내이모는 아직도 활발히 바깥일을 하고 두 손주까지 돌보느라 노년이지만 오히려 인생에서 가장 바쁜 시기를 보내고 있다. 장사를 하던 큰이모와 엄마는 규모를 줄이거나 아예 접어 시간에 여유가 생겼고 두 분 다 손주들이 멀리 있어 매일 돌봐야 할 일도 없다. 몇 해 전 큰이모가 이모부와 사별을 한 후에는 엄마와 큰이모의 왕래가 더 잦아졌다. 엄마가 통영으로 여행을 가기도 하고, 이모가 아들 내외와 긴 연휴에 부산을 찾기도 했다.

엄마의 코로나19 확진 소식을 이모들에게 전한 것

은 내가 아닌 남편이었다. 엄마가 중환자실로 옮긴 후, 엄마 못지않게 나의 상태도 말이 아니었다. 수술로 한쪽 폐를 절반이나 절제한 엄마가 이번엔 정말 잘못되는 것은 아닌지 두려웠고 하루 종일 낯선 병실에 혼자 갇혀 울기만 한다는 엄마가 안쓰러워 먹지도, 잠을 자지도 못했다. 엄마의 상태가 괜찮은지 주변 사람들이 전화를 걸어오면 "엄마"라는 말 한마디에 눈물이 주르르 흘러 주체할 수가 없었다. 이후 친척이나 지인들의 전화는 남편이 대신 받았다. 남편은 최대한 이성적으로 상황을 설명할 수 있었다. 솔직히 난 그때 이모들까지 신경 쓸 여력이 없었다. 그들이 엄마의 자매들이라 할지라도. 그래서 이모들의 당시 반응이 어땠는지 알지 못한다.

다만 엄마가 집으로 돌아온 후, 엄마의 삶에서 이모들이 차지하는 비중은 내가 짐작했던 것보다 훨씬 크고 중요했다고 말할 수는 있다. 친구나 동네 사람들과 통화를 하지도, 만날 수도 없게 된 엄마는 이모들과의 소통이 속마음을 털어놓을 유일한 창이었다. 특히 큰이모는 통영에서 홀로 생활하고 계신 만큼 엄마가 시간에 구애받지 않고 연락을 취할 수 있었고 이모 또한 혼자 있는 엄마의 마음을 속속들이 공감할 준비가 되어 있었다.

큰이모는 엄마가 생필품이 떨어지면 초조해하는 마음을 이해하고 택배로 갖가지 물건들을 보내주었다. 엄마가 갈치를 제일 좋아한다는 걸 기억해낸 이모는 통영에서 사람 팔 길이보다 긴 갈치를 사서 토막토막 깨끗하게 손질해 보내주었다. 엄마가 신경성 질환들에 연이어 시달리자 본인이 체험했거나 주위에서 듣고 좋다는 약과 음식들을 바리바리 싸서 보냈다. 자매애는 위대했고 섬세했다.

지금도 나는 엄마가 심적으로 가장 힘들었던 코로나19 확진 후 두세 달은 큰이모 덕분에 살아냈다고 믿는다. 자식들에게도 하지 못한 푸념들을 이모에게 풀었고 돌아가신 엄마가 보고 싶다고 언니에게 목놓아 울기도 했다. 언니니까, 자매니까 이모는 다 들어주고 받아주었으리라. 물론 엄마와 이모들이 늘 사이가 좋은 것은 아니다. 여느 자매들이 그렇듯 추억 얘기를 꺼내다 방향이 틀어져 어린 시절 서운했던 점이나 원망스러웠던 사건을 들춰 며칠 냉랭한 기운이 감돌기도 했다. 자식 원망이나 자랑을 하다 한쪽의 빈정을 상하게 하는 날도 있었다. 그런 조마조마한 상황에도 이모는 엄마가 전화를 걸면 거부하지 않고 언제든 연결할 수 있는 상대였다.

요즘 세상은 부모가 자녀들 눈치를 더 본다고 하지 않던가. 엄마도 자식들에게 전화를 걸 때는 일이 바쁜 것은 아닌지, 기분은 괜찮은지 살펴야 하고 이 말을 지금 해도 되는지, 괜한 이야기를 꺼내 혼나는 것은 아닌지 가려서 하느라 전전긍긍했다고 한다. 하지만 언니와 소통할 땐 그 모든 것을 크게 개의치 않아도 되니 마음이 제일 편하다고 말했다. 코로나 블루가 엄마를 잠식한 긴 시간들 중 엄마를 일으킨 진짜 가족이자 친구는 정이 담긴 택배 상자를 보내던 이모가 아니었나 싶다.

행복 회로 재가동

조카와 백화점 나들이에 나섰다. 예전에는 조카와 시간을 보낼 기회가 많았는데, 지난 몇 달 동안은 엄마에게 신경을 쓰느라 조카와 데이트를 즐길 여유가 없었다. 오랜만에 조카가 평소 갖고 싶어 하던 레고도 사고 좋아하는 음식도 먹으러 가자고 청했다. 내 손을 잡은 조카는 신이 나는지 나를 쳐다보며 말했다.

"고모, 나 지금 행복 회로가 막 돌고 있어요."
"행복 회로?"
"네. 뭐 먹으러 갈지, 레고는 뭐 살지 막 상상하는 것만으로도 기분이 좋아지고 있다고요."

지금의 기분을 '행복 회로' 네 글자로 표현하는 조

카가 귀엽기도 하고 언제 이렇게 자신의 감정을 잘 표현하는 어린이로 컸나 싶어 대견하기도 했다. 조카와의 기분 좋은 데이트를 마치고 집으로 돌아오며 엄마에게 조카가 피자를 맛있게 먹고 있는 사진 몇 장과 함께 문자 메시지를 보냈다.

[엄마 닮아서 뭐든 맛있게 먹고, 해맑게 잘 웃는 손주 사진입니다.]

엄마는 이내 답장을 주었다.

[누구 손주인지 먹는 것도 복스럽네. 할머니도 피자를 좋아하는데, 우리 손주 사진 보니 입맛이 도는구나. 슈퍼 가서 피자 대신 빵이라도 사 먹어야겠다.]

예전에 비해 체력도, 입맛도 떨어진 엄마가 뭐든 먹고 싶다는 소리를 하면 그렇게 반가울 수가 없다. 엄마에게는 식욕을 불러일으키고 미소 짓게 하는 조카의 존재가 '행복 회로'를 가동시키는 버튼이다.

코로나19의 풍랑에 휩쓸리기 전 엄마는 누구보다

Part 2 돌봄 노동이 일상으로 들어오다

쾌활하고 호탕하게 웃는 사람이었다. 엄마가 저기 멀리 떨어져 있어도 웃음소리만 들으면 엄마의 행방을 알 수 있었다. 사진을 찍을 때도 너무 활짝 웃어서 촬영 버튼을 누를 때만이라도 웃지 말라고 부탁할 정도였지만 지금은 달라졌다. 이제 사진을 찍자고 해도 피하기 바쁘고 엄마의 웃음소리가 크고 길게 이어지지 않는다.

그래도 엄마가 점차 회복하여 건강을 되찾고 있는 데에는 가족들의 노력이 있었다. 조카는 존재 자체로 엄마에게 기쁨이고 무뚝뚝한 남동생은 엄마와 만나 별다른 말을 하지는 않지만 가끔 엄마를 화나게 하는 사람이 있으면 자기한테 무조건 말하라며 엄마를 든든하게 해 준다.

가족들 중에서도 엄마가 웃음을 되찾는데 큰 몫을 하는 사람은 나의 남편과 올케다. 결혼 전 내가 남편에게 반한 여러 가지 장점이 있는데, 그중 하나가 유머다. 스스로도 잘 웃는 편이고 같은 이야기를 해도 재미있게 말하고 익살스러운 표현을 써서 어디에서도 분위기를 이끈다. 상대를 미소 짓게 하는 능력은 장모님과 함께 있을 때 그 진가를 발휘한다. 장모님 앞에서 목청

높여 노래를 부르기도 하고 장모님에게 아재 개그를 선보여 헤어진 후에도 그 유머가 계속 귀에 맴돌게 하는 재주가 있다.

올케가 시어머니를 위로하는 방법은 접촉이다. 올케는 가족들이 한자리에 모이면 늘 엄마 곁에 자리를 잡고 앉아 엄마가 불편한 곳을 귀신같이 알고 만져준다. 요즘 어깨가 많이 불편하신 모양이라며 어깨에 좋은 스트레칭을 알려주고 평소 며느리 손길이라고 생각하라며 마사지기도 선물했다. 엄마와 길을 걸을 때면 팔짱을 끼고 엄마의 걸음 속도에 맞추어 다정히 걷는 올케를 보고 있자면 딸인 나조차도 부러울 때가 있다.

가족들은 각자의 자리에서 나름의 방법으로 코로나19 회복기를 지나고 있는 엄마를 보듬는 중이다. 유머와 접촉이 담긴 가족 간 소통이 엄마에게 힘이 되는 보양식이자 마음의 치유제가 될 것이라 믿는다. 엄마가 일상에서 만족과 기쁨을 느끼는 '행복 회로'를 가동하는 시간이 더 늘어가기를 기도한다.

엄마가 명절을 기다리는 이유

명절이 다가오고 있었다. 대인관계가 좁아진 엄마가 외로울까 봐 자주 모였던 가족들은 명절을 대수롭지 않게 여겼다. 온 가족이 모인다 해도 고작 여섯 명이고 그동안의 안부를 묻기엔 서로 무슨 일이 일어났는지 SNS로 실시간 중계를 하는 사이라 민망할 정도였다. 각자 다이어트와 콜레스테롤 관리라는 미션을 수행하고 있던 차이니 명절 음식도 달갑지 않았다.

   달력에 동그라미를 치고 그날을 기다리는 이는 엄마뿐이었다. 엄마에게 추석과 설날은 각별했다. 아버지가 돌아가신 후 명절은 아버지에 대한 그리움을 우리 세 식구만이 온전히 마주하는 날이었다. 할아버지가 살아계셨고 삼촌들은 종갓집인 할아버지 댁에서 조상님들 차례를 지내야 했다. 벽을 타고, 혹은 담을 넘어 들려오는 다른 집들의 시끌벅적한 소리에 엄마와 어린 남매는 더 외롭고 허전했던 기억이 난다.

동생과 내가 고사리 같은 손으로 제기를 닦고 병풍을 폈다. 차례가 시작되면 어린 우리가 절을 하고 술을 잘 따를 수 있도록 엄마가 곁에서 내내 도와주었다. 달랑 셋이 전부였던 차례상 앞은 어느덧 사위와 며느리, 손주까지 더해져 여섯 명이 되었다. 우리에겐 '고작 여섯'이었는데, 엄마에겐 '여섯 명이나'였다. 엄마는 명절 때마다 절을 하는 아들과 술잔을 따라주는 사위, "나도, 나도" 하면서 제기 나르기를 돕는 손주를 보며 눈물을 훔쳤다. 좋아서 흘리는 눈물이었다.

코로나19 회복자가 된 후, 엄마는 명절을 더 반기는 눈치였다. 몸의 컨디션도 예전만큼 따라주지 않고 동네에선 아직 코로나19 확진자에게 보내는 편견도 남아있었기에 사람들과 어울려 운동을 하거나 과거에 심심풀이로 하던 아르바이트도 할 수 없는 일상이 이어졌다. 그런 엄마가 자신 있게 재능을 펼칠 수 있는 분야가 남아 있었으니, 바로 명절 음식 만들기였다. 평생 분식집을 운영한 엄마는 튀김의 달인이라 불러도 손색이 없었다. 요리사 아빠를 두어 누구보다 미식가인 열

살 조카는 할머니의 나물이 맛있다며 제 밥그릇 가까이에 두고 먹곤 했다.

명절을 보름이나 앞둔 어느 날, 엄마가 지하철까지 타고 나가 장을 보고 있다는 사실을 알았다. 처음 며칠 동안은 어깨도 성치 않고 기운도 없는데 혼자 시장을 어떻게 돌아다니냐며 전화로 화를 냈다. 그러다 쓸모없는 잔소리를 멈추기로 했다. 권태롭고 우울한 일상을 벗어나려면 작은 성취감을 맛보게 하는 것이 좋다고 조언했던 심리상담 전문가의 말이 떠올랐다.

'그래, 어쩌면 명절은 엄마가 자신감을 회복하고 다시 활기를 찾을 수 있는 절호의 기회가 될지도 몰라!'

자식들의 보살핌이 필요하다고 자각한 후부터 엄마는 자꾸 움츠러들었다. 코로나19 확진 전에야 그래도 혼자 취미생활도 하고 주위에 친구도 여럿이어서 서로 왕래하며 지낼 수 있으니 자식들에게 도움은 못 되어도 방해가 되진 않는다고 여겼다. 그러나 코로나19 후유증이 나타나고 인간관계에서 고립되어 가며 엄마가 의지할 사람은 자식들뿐이었다.

엄마는 돌봄의 대상이 되었음을 스스로 인정할 수밖에 없었다. 내색하지 않았지만 자존심 상하고 자신의 무능력이 미웠을 것이다. 그런 엄마가 유일하게 가족을 위해 무언가를 내어줄 수 있고 "엄마가 최고야."라는 말을 들으며 아직 쓸만한 솜씨를 인정받을 수 있는 날이 명절이었다.

마음을 달리 먹으니 엄마의 기운을 북돋아 주기 위해 내가 할 일이 무엇인지 선명해졌다. 이번 명절에는 엄마를 돌보는 일을 쉬자! 엄마의 돌봄을 마음껏 받고 충분히 칭찬해드리고 감사를 표현하자!

다부진 각오를 하고 드디어 명절을 맞이했다. 할 줄 아는 것은 없지만 가서 응원 부대 역할이라도 하자며 명절 하루 전, 친정으로 향했다. 현관문을 열고 들어서니 올케와 조카가 먼저 도착해 있었다. 엄마와 올케, 조카의 모습을 보고 난 '아차!' 싶었다. 나와 동갑이지만 생각이 훨씬 깊은 올케는 이번에도 나를 앞질러 행동하고 있었다.

부엌에서 엄마는 혼자 튀김을 만들고 있었고 올케는 그저 곁을 지키고 서 있었다. 새우, 오징어, 고구마 등을 튀겨내는 엄마의 모습은 마치 신명나게 한판 춤을 추는 듯 보였다. 그 옆에서 올케는 흡사 북이나 장구를 치는 고수처럼 엄마의 흥을 돋우었다.

Part 2 돌봄 노동이 일상으로 들어오다

"역시, 어머니 튀김이 정갈하고 맛있어요! 전 어머니 튀김 말고 다른 사람이 만든 건 느끼해서 못 먹겠더라고요. 수민아, 어때? 할머니 튀김 맛있지?"

거실에는 작은 상을 마주하고 앉아 엄마가 만든 고구마튀김을 흡입하며 '엄지척'을 날리는 사랑스러운 조카가 앉아있었다. 진심으로 생각했다.
'이 모녀 정말 대단한데?'
엄마가 그토록 명절을 기다린 이유가 그날, 그 풍경 속에 오롯이 담겨 있었다.

일상 회복을 꿈꾸며

드디어 엄마도, 나도 1, 2차 백신 접종을 마쳤다. 프리랜서인 내가 올해 계약했던 프로젝트도 모두 끝이 나서 시간 여유가 생겼다. 일상에 한가로움이 찾아오고 백신으로 마음의 안정도 되찾자 나는 오래 가슴속에 담아둔 일을 실행하기로 했다. 엄마와 1박 2일 여행을 떠나기로 한 것이다.

사실 여행이라고 하기엔 민망한 코스로 계획을 세웠다. 코로나19 확진 이후 엄마는 차를 오래 타면 불안해한다. 불안은 즉시 빈뇨 증상으로 나타나 30분에 한 번씩 화장실을 갈 때도 있다. 그러니 이동거리는 최대한 짧아야 하고 화장실이 내부에 갖춰져 있거나 어디서든 이용 가능한 이동 수단을 선택해야 한다.

목욕을 좋아하는 엄마가 목욕탕을 가지 못한 지 한

참 되었다. 가끔 반신욕이 그리울 엄마를 나의 집으로 초대해 욕조에 몸을 담그게 했지만 엄마는 목욕 후 그냥 나오지 못하고 끝내 딸의 욕실을 구석구석 청소하곤 했다. 그 모습이 속상해 엄마가 청소를 하지 않아도 되는 욕실, 물거품도 근사하게 나오는 큰 월풀 욕조가 있는 곳, 바로 호텔을 찾기로 했다.

엄마는 평생 바다를 좋아했다. 살면서 지치고 힘들 때, 목놓아 울고 싶을 때는 밤중에 혼자 바다를 찾았다. 맑은 날에도, 흐린 날에도 바다를 바라보면 그리 좋다고 했다.

엄마는 사람과 차가 많은 곳을 피하기 시작했다. 북적북적한 곳에서 자주 동공이 흔들렸고 차 소리에 깜짝 놀라기도 했다. 여러 가지 조건들을 고려하여 내가 선택한 여행지는 부산에서도 차 없이 모셔 갈 수 있고 하루 종일 바다를 마주할 수 있으며 인적이 비교적 드문 해변, 송정해수욕장이다.

송정해수욕장은 엄마에게도 특별한 추억이 있는 곳이다. 한 번은 엄마의 처녀 시절 앨범을 들춰보다 백사장에서 비키니를 입고 모델 포즈를 취하고 있는 20대의 엄마 사진을 발견했다. 그 시절 엄마는 발랄했고 눈부셨다. 엄마를 그곳에 다시 데려가고 싶었다.

엄마와 1박 2일 호캉스를 가기로 한 당일, 지하철역에서 만난 엄마는 두근거려 잠을 못 잤다며 얼굴이 퉁퉁 부은 상태였다. 지하철에서 동해남부선 열차를 갈아타면서도 엄마는 불안한 기색을 내비쳤다. 혼자 화장실 가기도 무서워해 내가 동행해야 했고 열차 시간이 정해져 있는데도 혹시 늦으면 어쩌냐며 초조해했다.

그렇게 떠난 짧은 여행은 순조롭지 않았다. 엄마가 좋아하는 갈치조림을 사주겠다며 검색해 찾아간 식당은 서비스와 음식이 별로였다. 호텔을 찾아가는 길은 곳곳이 공사 중이라 험난해서 내내 넘어질까 봐 발밑을 보며 걸어야 했다. 가을이니 멋진 점퍼를 꺼내 들고 오라며 내가 엄마의 패션을 스타일링해 주었는데, 막상 여름을 방불케 하는 기온에 햇볕이 내리쬐어 엄마는 손수건으로 땀을 닦으며 해변을 거닐어야 했다.

그래도 여행의 결말은 참, 참 좋았다. 전면이 바다가 보이는 전망 좋은 호텔에 들어서자 엄마가 꺼낸 첫마디는 이것이었다.

Part 2 돌봄 노동이 일상으로 들어오다

"미야. 울고 싶다, 이렇게 행복해도 되나 싶어서! 너무 좋다."

엄마의 입에서 '행복하다'라는 단어를 들은 것이 언제였는지, 나 역시 감격해 눈물이 핑 돌았다. 눈물을 감추고 엄마에게 혼자 창밖을 바라보며 사색할 시간을 드렸다. 엄마가 평소 좋아하는 가수 조항조, 최백호의 노래들을 들려주며 나는 욕실로 향했다.

욕조에 뜨거운 물을 받았다. 집에서 준비해온 입욕제를 풀고 엄마가 반신욕을 할 수 있도록 만반의 준비를 했다. 엄마에게는 10개월 만에 처음으로 마음 편히 욕조에 누워보는 경험일 테니까 그 시간을 최고로 즐기게 해드리고 싶었다. 한 시간이고, 두 시간이고 마음과 몸이 녹을 정도로 반신욕을 즐기겠다며 호기롭게 들어간 엄마는 20분도 채우지 못하고 욕실에서 나왔다. 체력이 예전 같지 않고 아직 호흡이 원활하지 못해 오래 견딜 수 없었다. 하지만 엄마는 연신 "좋다! 너무 좋다!"라고 말했다.

그날 술을 마시지 못하는 엄마는 차를, 나는 맥주를 한 캔 하며 밤늦게까지 바다 풍경을 즐겼다. 새벽에는 함께 수평선을 바라보며 일출을 감상했고 두 손 모아 소원을 빌었다. 엄마가 어떤 소원을 빌었는지, 내가 떠오르는 태양을 보며 무엇을 기원했는지 우리는 묻지도 말하지도 않았다. 하지만 눈을 감고 기도를 한 후, 우리 모녀는 누가 먼저랄 것도 없이 서로 손을 꼭 잡았다. 나의 손을 잡은 엄마의 손아귀에 힘이 들어갔다. 반가웠다. 엄마에게 다시 살아갈 의지가 샘솟는 것 같아서, 다시 활달한 나의 순옥 씨로 돌아오고 있음을 알 수 있었다.

여행에서 돌아오는 길에 엄마와 나는 새로운 계획을 세웠다. 일상 회복이라는 '위드 코로나' 시국에 맞추어 엄마가 다시 배우고 싶은 취미에 대해 생각해 보기로 했고 옷장을 정리해 헌 옷을 버리고 지금의 몸에 맞는 새 옷을 몇 벌 사기로 했으며 이제는 그 누구도 아닌 자신의 행복을 위해 엄마가 진짜 먹고 싶은 것, 정말 하고 싶은 일이 무엇인지 골똘히 생각해보기로 했다.

2021년 10월의 어느 날, 엄마는 다시 삶을 설계하고 있었다. 코로나19로 상처받았던 과거에 머물지 않고 한 번 더 힘을 내어 노년의 미래를 상상하는 중이었다. 나는 믿었다. 엄마가 스스로의 감정을 존중하고 몸을 돌보면서 잠깐씩 타인이나 질병의 공격에 흔들리더라도 끝내는 자신만의 여행을 멈추지 않을 것임을. 그것이 내가 봐 온 예순아홉 순옥 씨의 진면목이다.

슬기로운 소핑 생활

남편과 텔레비전을 보고 있었다. 예능 프로그램에서 출연자들이 두 개의 선택지 중 하나를 꼭 골라야 하는 이른바 '밸런스 게임' 중이었다. 남편은 우리도 해보자며 삶의 시기를 선택할 수 있다면 '가난한 청춘'과 '풍족한 노년' 중 무엇을 고르겠냐고 물었다. 이 게임은 즉문즉답이 묘미인데, 나는 한참을 망설였다. 답답해하던 남편이 자신은 고민할 것도 없이 '풍족한 노년'의 삶을 고른다고 답했다.

과연 남편다운 선택이었다. 먹고, 입고, 갖고 싶은 것들이 가득했지만 마음껏 돈을 쓰지 못할 이유들이 떠올라 스스로의 욕망을 못 본 척해야 했던 젊은 시절로 돌아가고 싶지 않다고 했다. 남편과 연애할 때, 자신이 부자라고 느끼는 순간은 식당에 들어가 메뉴판의

가격을 확인하지 않고 먹고 싶은 음식들을 시킬 수 있을 때라고 했던 남편의 말이 떠올랐다. 그런 의미에서 결혼하면 부자로 살게 해 주겠다며 의기양양한 표정으로 나를 꼬시던 서른한 살의 남편이 생각나 나도 모르게 웃었다.

남편의 바람대로 노년기에 접어들어도 돈만 있으면 무엇이든 다 할 수 있는 환경이라면 얼마나 좋을까? 내가 사는 동네에는 특별한 맛으로 소문난 칼국숫집이 있다. 다른 칼국수와 다르게 사골을 우려낸 국물을 쓰고 고명으로 고기와 계란지단, 갖가지 채소들이 듬뿍 올라온다. 칼국수 한 그릇에 5대 영양소가 다 갖춰져 있어 든든한 한 끼 식사로 손색이 없다.

그런데 이 식당에 갈 때마다 마음을 불편하게 하는 장면을 만난다. 이 가게는 터치스크린 방식으로 메뉴를 선택하고 계산까지 하도록 하는 무인 단말기, '키오스크'가 설치되어 있다. 기계에 익숙하지 못한 손님이나 나이가 지긋한 어르신이 단말기 앞에서 한참 헤매다 당혹스러워하며 사장님을 부르거나 아예 주문을 포기하고 식당을 나가는 경우를 간혹 목격한다. 남편에게 돈에 대한 충족감을 준다는 식당이 노인에게는 돈을 쓰고 싶어도 쓸 수 없게 만드는 야속한 공간이 되기도 한다.

    누군가는 쉽게 말할 수 있다. 노인들도 의지만 있다면 키오스크 사용법 정도는 얼마든지 익히고 나아가 배움의 열정으로 디지털 격차도 스스로 해소할 수 있다고 말이다. 하지만 남들은 편리하다는 최신 기술을 사용하지 못하는 사람들에게는 저마다 사정이 있기 마련이다. 모니터 화면의 글자가 잘 보이지 않을 수 있고 버튼을 누르려 해도 손가락 움직임이 무겁고 둔할 수 있으며 여러 단계를 거쳐야 하는 계산 과정을 인지하는 시간이 남들보다 오래 걸릴 수 있다. 그러니 그저 '늙어서' 그렇다며, 돈 쓰는 일도 제대로 못 한다고 뒤에서 핀잔을 줘서는 안 될 일이다. 노년기에는 돈 버는 일 못지않게 돈 쓰는 일도 불편하고 어려울 수 있음을 알아야 한다.

    나의 곁에는 세 명의 노인이 산다. 아직 60대 끝자락에서 나이는 제일 어리지만 코로나19를 겪은 후 몸과 마음이 쇠약해진 친정엄마와 여느 여든 살 어르신들과 비교하면 정정한 편인 시부모님이다. 어머니와 아버지는 두 분 다 교사 출신으로 평생 새로운 지식을 받아들이고 익히는 데에 적극적인 삶의 자세를 취했다. 어머니는 불과 2, 3년 전까지도 새로운 분야의 교육자 과정을 우수한 성적으로 이수해 주위 사람들에게 대단하다는 존경의 박수를 받았다. 아버지는 스포츠나 정치에 관심이 많은데, 지금도 좋아하는 선수와 팀의 기록을 줄줄이 꿰고 있다. 다방면의 최신 뉴스를 섭렵해 가족 모임이 있으면 "너희들의 견해는 어떠냐?"라고 시사 프로그램 진행자 역할을 도맡는다.

다른 노년층보다 젊은 생각과 열린 자세로 생활하던 시부모님이 요즘 나의 돌봄을 받아아 하는 영역이 생겼다. 부모님 댁에 필요한 생활용품을 사거나 인터넷으로 물건을 주문하는 일을 하나, 둘씩 나에게 맡기고 있다. 결혼 초에는 산처럼 크고 높아 보이던 부모님이 '장보기 약자'가 되어 돌봄 대상이 되었다는 사실을 알아차렸을 때, 말은 못 했지만 나 역시 마음이 무거웠다. 고백하자면, 돈 쓰는 일도 마음대로 하지 못하게 된 부모님에 대한 안타까움보다 세 노인에 대한 돌봄 노동이 본격적으로 시작되는구나, 하는 부담감 때문이었다.

나에겐 지속 가능한 돌봄의 지혜가 필요했다. 보살

핌의 업무가 이제 비로소 시작이라면, 언제 끝날지 모르는 이 마라톤에서 오래 달려도 지치지 않을 자세와 주법을 미리 갖춰야 하지 않겠는가. 무턱대고 세 분의 돈 관리를 맡거나 쇼핑 영역을 내 일상 속으로 전부 가져오는 일은 나에게도, 부모님에게도 건강한 주법이 아니라고 생각했다.

그래서 우리 가족 내에서 나름의 쇼핑 지침을 세워보았다.

첫째, 필요한 물건이 생기면 일단 메모해두자. 세 분에게 매일 먹는 영양제처럼 소모 시기를 알 수 있는 제품이나 배달을 시켜야 하는 무거운 물품이 생기면 그때마다 나에게 전화를 걸지 말고 우선 공책에 써두도록 했다. 자녀들은 외부에서 일정이 있거나 집중해 업무를 보는 중에 부모에게 전화가 오면 마냥 반갑게 통화를 할 수가 없다. 핸드폰 화면에 부모의 번호가 뜨면 불안하거나 피곤한 감정이 먼저 들 것이다. 부모 역시 먼저 전화를 하면 자꾸 눈치를 보게 되고 막상 통화가 되면 무엇을 부탁하려 했는지 가물가물할 때도 있다. 그러니 미리 쇼핑 목록을 써두고 부모님 댁을 방문했을 때 한꺼번에 메모지를 넘겨받으면 좋다. 돌봄을 위한 주문서인 셈인데, 서로 깜박해서 생활이 불편해지거나 마음이 다치는 일이 줄어드는 효과가 있다.

둘째, 부모님이 직접 돈을 지불해야 하는 경우와 선물로 사서 드릴 경우를 나누자. 내게 장보기를 부탁하는 일이 잦아지자 세 분 부모님은 "미안하다."는 말을 자주 했다. "늙으니 이런 사소한 일로 자식을 귀찮게 한다."는 한탄과 푸념도 매번 덧붙였다. 처음에는 소소한 물건값은 내가 결제하고 돈을 받지 않으려 했지만 엄마와 시부모님 모두 달가워하지 않았다. 물건을 사달라고 부탁하는 것도 미안한데 경제적 부담까지 시우는 부모가 되기 싫다고 했다. 그 말을 들으니 고개가 끄덕여졌다. 당당하게 쇼핑에 드는 비용을 지불하게 하는 것이 세 분에게는 오히려 자존심을 세우고 나에 대한 미안한 감정을 덜게 하는 길이었다. 난 단지 구매를 대행하는 업무만 하면 될 뿐, 어른들이 누릴 '내돈내산' 즐거움을 뺏을 자격은 없다. 장보기 심부름 후 가끔 잔돈이 남으면 나는 "이건 제 용돈 할게요. 남은 돈으로 며칠 동안 먹고 싶었던 조각 케이크 사 먹어야겠어요!"라고 없는 애교를 짜내기도 한다. 서로 귀찮거나 불편할 수 있는 쇼핑 시간이 즐거운 거래로 변하는 순간이다.

셋째, '전적으로 저에게 맡기십시오'란 말 따위는 하지 말자. 정보 검색이 필요한 온라인 주문을 할 때나 무게가 나가는 제품을 배달시키는 일이 아니라면, 나는 부모님이 타인에게 쇼핑할 권리를 넘기는 것을 반대한다. 노년기의 건강한 삶에 대해 이야기하는 많은 책에서도 노인들이 할 수 있는 일은 스스로 하도록 해야 신체나 정신 건강에 도움이 된다고 한결같이 말한다. 그래서 가벼운 물건이나 쓰는 사람의 취향을 반영하는 상품이라면 세 분에게 되도록 직접 사러 가기를 권유한다. 장보기나 쇼핑가는 길 자체가 유산소 운동이 되고 근력을 키울 수 있으며 물건값을 치르고 돈 관리를 스스로 하는 일련의 과정이 뇌 기능을 유지하는 데에 도움이 된다.

시간이 흐를수록 내가 사야 하는 품목들과 챙겨야 할 영수증은 점점 늘어날 것이다. 언젠가 나의 가정뿐 아니라 세 분의 부모님 주머니 경제까지 주물러야 하는 '큰 손'이 될지도 모르겠다. 그때는 나도, 부모님도 '풍족한 노년기'이면 무엇하느냐며 혼자서 무엇이든 사고팔 수 있던 '가난한 청년기'를 그리워할 수도 있다. 하지만 사소한 지혜를 모아 가족들이 덜 힘든 길을 찾아가다 보면 돈이 주는 행복감마저 나눠 쓸 수 있다고 지금은 우선, 믿어 보려 한다.

이사도라 덩컨과 걷기의 자유

20대 중반, 나는 춤을 추었다. 늘 시간에 쫓기는 방송작가 생활을 하면서도 틈만 나면 춤을 배우러 다녔다. 여러 종류의 춤을 취미로 배웠지만 재즈댄스를 제일 오래 했다. 좋아하는 강사의 수업을 들으러 학원 두 개를 수강하고 하루 세 시간씩 춤을 춘 적도 있다. 재즈댄스에 빠져 살던 당시, 가장 흠모하는 인물은 '현대 무용의 어머니'로 불리는 이사도라 덩컨이었다.

이사도라 덩컨은 고전 발레가 전부였던 시절, 최초로 창작무용을 예술의 수준으로 끌어올린 미국의 무용가이다. 그녀가 1977년생인 나보다 딱 백 년 전인 1877년 5월에 태어난 것도 나에겐 운명처럼 다가왔다. 이사도라 덩컨은 1899년 시카고에서 데뷔 무대를 가졌다. 당시 발레의 필수 복장이던 토슈즈와 타이츠를 벗고 맨발로 무대 위에서 새로운 춤사위를 선보였다고 전해진다. 평생 자유를 갈망했다는 그녀의 춤과 생애가 열정과 반항심으로 가득 찼던 청춘의 나를 매료시켰다.

얼마 전 혼자서 엄마의 별명을 지어보았다. '이사도라 순옥'이다. 입에 착 붙고 듣기에도 근사하지 않은가! 엄마에게 이런 별명을 지어준 데에는 여러 이유가 있다. 나의 춤 사랑은 엄마에게 대물림받은 것이다. 코로나19 후유증으로 아직 댄스 학원으로 향할 용기를 내지 못하고 있지만, 엄마는 언젠가 다시 취미로 춤을 추겠다는 포부를 다지고 있다.

엄마에게 이사도라 덩컨의 이름을 수식어로 붙인 또 다른 이유는 요즘 엄마의 하루는 걷기로 시작해 걷기로 끝나기 때문이다. 아마 나와 비슷한 시기에 중, 고등학교를 다닌 사람이라면 '이사도라'라는 별명이 낯설지 않을 것이다. 학생들이 공부를 잘하고 있는지, 교사들이 수업을 제대로 하는지 감시라도 하듯 24시간 복도를 누비며 걸어 다니는 교감 또는 교장 선생님을 이렇게 불렀다. 학교마다 '이사도라'가 한 명씩은 있었다.

엄마의 하루는 옛날 교감 선생님의 일과와 다르지

않다. 새벽에 일어나 가벼운 아침 식사를 하고 약을 한 움큼 챙겨 먹고 집을 나선다. 집에서 걸어서 30분 거리에 있는 하천으로 직진한 후, 하천을 따라 한 시간을 또 걷는다. 집으로 돌아오면 꼬박 두 시간 코스의 걷기 운동이 끝이 난다. 낮에는 병원 치료나 은행 업무, 장보기 같은 일과들을 처리한 후, 집에서 잠시 휴식을 취한다. 그러다 해질녘이 되면 엄마는 다시 운동화 끈을 조여 매고 거리로 나온다. 이때는 아침의 코스보다는 짧은데, 한 시간가량 집 근처 골목을 돌거나 큰길 건너에 있는 공원을 한 바퀴 산책한다. 하루 종일 걷기에 진심이니 '이사도라'라는 별명이 딱이지 않은가.

가끔 다른 가족들이 걱정이 된다며 내게 문자를 보낼 때가 있다. 엄마에게 전화를 걸었는데 계속 받지 않는다며 혹시 무슨 일이 있을까 봐 초조해한다. 나는 당황할 것 없다며 안심시키고 지금은 엄마의 운동 시간이며 이 시간만큼은 방해하지 말라는 엄마의 공지사항을 전달한다.

코로나19 회복 이후 엄마가 운동을 하러 나가겠다고 선언했을 때, 나는 모자와 작은 크로스백을 선물했다. 모자는 햇볕을 막는 용도도 있었지만 아직 사람들의 시선이 부담스러운 엄마가 자신의 정체를 숨기는 보호막이 되었다. 크로스백에는 언제 어디서든 나와 연락이 닿을 수 있도록 핸드폰과 비상금을 꼭 넣어 다녔다.

몇 개월이 지난 지금, 걷기의 즐거움을 제대로 만끽하고 싶다며 엄마는 모자도 쓰지 않고 핸드폰이나 가방도 벗어 던진 채 집을 나선다. 모자를 쓰면 매일매일 달라지는 자연의 변화를 제대로 눈에 담을 수 없고 가방끈이나 핸드폰의 무게는 앞으로 나아가려는 몸을 속박하는 것 같다고 말했다. 처음에는 엄마를 알아보는 동네 사람들의 눈길이 불편했지만, 이제는 웃으며 인사할 용기도 생겼다고 한다. 몸과 마음의 자유를 얻은 엄마는 진정으로 걷기의 즐거움에 빠진 것 같다. 이사도라 덩컨이 자신을 구속하던 토슈즈와 타이츠를 벗고 무대 위를 뛰어올랐을 때 느꼈을 해방감을 엄마도 걷기라는 행위를 통해 비슷하게 느끼지 않았을까 짐작해 본다.

한동안 엄마를 돌보는 일상으로 지쳐있던 나를 일으킨 것도 걷기의 힘이었다. 엄마의 회복에 속도가 붙어 혼자서 일주일을 거뜬히 보낼 수 있게 되자 나도 동네 산책을 시작했다. 나의 걷기는 엄마의 걷기와는 조금 다르다. 엄마의 걷기는 일상 회복을 위해 좋은 습관을 만들고 몸과 마음의 근육을 키우기 위한 것이다. 나의 걷기는 기존의 내 생활과 돌봄 노동 사이를 오가며 긴장한 몸에서 힘을 빼고 가슴에 뭉쳐있던 응어리를 풀기 위한 움직임이다.

나의 걷기는 때에 따라 속력과 방향을 달리했다. 느긋하게 걷고 싶은 날은 뒷짐을 지고 선비처럼 이 골목, 저 골목을 굽이굽이 누볐다. 잡념을 떨쳐내고 싶은 날은 빠르게 걸으며 힘차게 나아갈 수 있는 평지 코스를 선택했다. 그날의 기분과 컨디션에 따라 나아갈 길을 정하는 선택의 자유가 나의 숨통을 트이게 했다.

지금 내 책상 위에는 장 자크 루소가 남겼다는 문구가 붙어있다. 마치 걷기를 대하는 나의 진심을 대변하는 글 같다.

"나는 거리를 산책했다. 행복했다. 책을 읽었다. 한가로웠다. 가는 곳마다 행복이 나를 뒤따랐다."

위대한 사상가에게도, 휴식이 필요했던 나에게도,

다시 살아갈 힘을 길러야 했던 엄마에게도 걷기는 자연과 자유를 누릴 수 있는 행복의 묘약이다.

게으를 수 있는 권리

요 며칠 엄마의 목소리가 수상하다. 전화벨이 울려도 한참 있다 받는다. 다급한 호흡으로 말을 하고 목소리를 낮춰 대화를 이어가며 쫓기듯 전화를 끊으려 한다. 집에 혼자 있다면 나올 수 없는 분위기를 풍긴다. 둘 중 하나다. 누군가 집에 있거나, 엄마가 집에 없거나!

 돈을 쓰는 소비 패턴도 미묘하게 달라졌다. 엄마는 검소함과 알뜰함이 평생 몸에 배어 있어 밥 외에 간식을 사 먹는 일이 거의 없다. 그런데 냉장고를 열었더니 과일과 자양강장제, 지나가다 먹고 싶어서 샀다는 빵이 들어있다. 아무리 봐도 신변에 변화가 생긴 것이 분명하다.

 결정적인 증거는 엄마가 자식들에게 건네는 질문에 있다. 얼마 전 이사한 동생에게 계속 필요한 것이 없냐고 묻는다. 이미 인테리어 비용에 엄마로서는 거액의 축하금을 보탠 후다. 내가 선풍기와 이불이 낡아 바꿔야 할 것 같다는 이야기를 했더니 기다렸다는 듯이 "엄마가 사줄까?"란다. 그냥 넘어가려 했는데, 아무래도 안 되겠다. 탐정 놀이를 시작할 때가 왔다.

엄마에 대한 수사는 언제나처럼 싱겁게 끝이 났다. 내가 나지막한 목소리로 "엄마, 요즘 좀 이상한데? 무슨 일 있죠?"라고 물으며 절대 화를 내지 않을 것처럼 인자한 태도를 취했더니 "사실은 그게…"라며 술술 자백했다.

엄마는 나 몰래 아르바이트를 하고 있었다. 매일 하루 한 시간씩, 노인복지회관에 가서 설거지를 하고 온다고 했다. 설거지가 끝나면 선 자리에서 바로 만원의 시간 수당을 주는데 그 돈을 쓰지 않고 지폐 그대로 모았더니 60만 원이 넘었단다. 대충 짐작은 했지만 그 기간이 이미 두 달을 훌쩍 넘었다는 사실에 놀라긴 했다. 어느덧 우리 모녀의 관계도 단계적 일상 회복의 끝자락에 와있다는 말인가! 적어도 지난 두 달간은 서로 일거수일투족을 공유하지 않고 각자 자립적인 생활을 했다는 뜻이기도 하다.

하루 한 시간 정도의 아르바이트라면 괜찮을지 모른다. 그냥 계속하라고 할까 하다 마음을 다잡았다. 엄마의 성격을 누구보다 잘 알고 있다. 엄마는 게으름은 수치이고 부지런함이 미덕이라고 믿는 사람이다. 남의 돈을 받는 일일수록 더 책임감을 갖고 성실히 해야 한다는 신념을 가지고 있다. 근면, 자조, 협동의 정신을 강조하던 '새마을 운동'을 온몸으로 실천한 세대가 아닌가. 처음에는 60분의 노동을 약속했지만, 결국 30분 먼저 출근하고 30분 후에 퇴근하며 두 시간은 넘게 일하게 되었다. 담당자가 설거지만 해주면 된다고 말했지만, 위생과 청결이 중요한 엄마는 설거지 후 선반 정리, 주방 청소까지 마쳐야 속이 시원했다고 한다. 평생 장사를 해온 솜씨이니 손이 워낙 빨라 어느덧 제일 가성비 좋은 주방 보조가 되어 있었다.

엄마가 흥이 올라 일에 몰입할 때 찬물을 끼얹어 냉정을 찾게 하는 것이 내가 할 일 중 하나다. 일 잘한다는 칭찬에 취해 정작 본인은 알지 못하는 사실이 있다. 두 달의 육체노동으로 이미 무릎과 허리가 삐거덕거리고 있다는 것이다. 선풍기도 없는 주방에서 일을 하니 피부 곳곳에 땀띠도 솟아올랐다. 스스로 돈을 버는 기쁨에 들떠있는 엄마에게는 미안하지만 일을 그만했으면 좋겠다고 말했다. 엄마도 알다시피, 체력이 예전만큼 받쳐주지 못하고 관절은 한번 손상되면 돌이키기 어렵다며 설득했다. 원래 일주일만 도와달라던 부탁을 거절 못해 시작한 일인데, 더 하면 몸이 상할 것 같다며 엄마도 수긍했다. 평화롭게 엄마의 아르바이트를 끝맺음했다.

엄마랑 함께 살던 결혼 전에는 종종 내가 한심하게 느껴졌다. 일주일 중 하루도 쉬지 않고 일을 하는 엄마를 보며 아침잠 많고 휴일이면 씻기두 싫어히는 내가 친딸이 맞나 싶었다. 왜 엄마의 부지런한 성품을 닮지 못해 '아침형 인간'은 꿈꿀 수도 없는 것인지, 침대에 뒹굴며 죄의식을 가졌다.

그러다 19세기 프랑스 사회주의 운동가인 폴 라파르그가 쓴 《게으를 수 있는 권리》를 읽었다. 폴 라파르그는 프롤레타리아는 자연의 본능으로 돌아가 '게으를 수 있는 권리'를 선언해야 한다고 주장한다. 하루에 세 시간만 일하고 나머지 낮과 밤 시간은 한가로움과 축제를 위해 남겨두는 습관을 들여야 한다고 조언한다. 그래, 내가 이상하고 나태한 사람이 아니었어! 적게 일하고 많이 벌기를 원하는 것은 도둑놈 심보가 아닌 자연의 본능이라고 말하고 있지 않은가. 그 책을 읽었을 때 엄마에게도 '게으를 수 있는 권리'를 알려줬어야 했는데, 타이밍을 놓쳐 버렸다.

노인이 된 엄마는 여전히 쉬는 법을 모른다. 노동을 사랑하고 일에 대한 열정을 지금까지 품고 산다. 일하지 않는 시간들이 어색하고 휴식기를 어떻게 보내야 할지 모르니 "심심하다."는 말을 자주 한다. 노동을 통해 사회에 쓰임새가 있음을 확인해야 비로소 자신의 존재 가치를 인정한다. 안타까운 일이다. 이제 와서 엄마에게 일 못지않게 휴식도 중요하다고 말해도 엄마는 "가만히 있으면 뭐 하니?"라며 집안일이라도 찾아 하려 한다.

엄마의 노년기는 이제 시작이라 할 수 있다. 엄마에게 노동하지 않는 지금이 권태롭고 지루한 시간이 아니라 가만히 멈추어 자신을 보살피고 배려할 기회라고 이제는 말해주어야겠다. 일하는 법을 몸으로 터득하고 마음에 길들였듯이 잘 쉬는 법을 익힐 수 있도록 도우려 한다. 첫 출근을 하던 나에게 엄마는 성실하게 직장 생활을 하고 타인과 어울려 일하는 법을 가르쳐줬다. 이제는 내가 엄마에게 자기를 돌보는 기술들을 하나씩 알려줘야 한다. 고요함 속에서 명상에 잠기기, 몸과 마음을 풀어주는 목욕 즐기기, 좋아하는 음악에 흠뻑 빠져보기 등등. 그중 최고급 기술인 '아무것도 하지 않기'라는 처방을 엄마가 받아들이는 날이 온다면 모녀가 함께 진정한 휴식의 맛을 공유할 수 있을 것이다.

'K-장녀'가 뭐길래

지하철에서 나란히 앉은 두 할머니의 대화가 귀에 와서 꽂혔다. 지금 이 자리에서 처음 만난 듯한 어르신들은 옷깃만 스쳤을 뿐인데 절친처럼 이야기를 나누고 있었다.

"어디 갔다 와요?"
"병원이요. 고혈압약 받으러 갔다 와요."
"아까 탈 때 보니까 다리도 불편해 보이시던데?"
"무릎이 좀 안 좋아서 안 그래도 수술해야 돼요."
"아이고, 요즘 코로나 때문에 병원도 위험한데 혼자 다니시네. 딸 있어요?"

응? 거기까지 듣다가 대화 내용이 왜 갑자기 자녀

이야기로 튀나 싶었다. 오늘 처음 본 사이에 통계청 조사원보다 더 자세한 호구조사 아닌가. 듣지 않는 척 눈은 책에 두고 귀를 더욱 쫑긋 세웠다. 병원에 다녀온다는 어르신은 나의 의구심이 무색하게 자기 가족의 실태를 술술 읊었다.

"딸은 없고 아들만 둘 있어요. 하나는 서울 살고, 하나는 가까이에 살아요."
"에이, 거봐. 그럴 줄 알았어. 딸이 있으면 다리 불편한 엄마를 혼자 병원에 잘 안 보내지."

이쯤 되니 대답을 순순히 하던 할머니의 심기가 약간 불편해졌는지 발끈한 목소리로 이야기를 이어갔다.

"아, 평소에는 우리 아들이랑 며느리가 잘 데리고 다녀요. 오늘은 내가 약 떨어진 걸 깜빡해서 혼자 다녀온 거예요."
"아무리 그래도 딸만 못하지. 우리처럼 늙은이들한테는 딸이 있어야 한다니까. 병원 가봐요, 딸이 데려온 노인은 있어도 며느리가 데려온 노인은 없어. 인터넷으로 뭐 사달라고 하기에도 딸이 편하고. 딸은 하나 있어야 해. 아이고, 난 요즘 딸

없는 할머니들이 제일 안 됐어."

딸이 없다는 할머니는 순식간에 불쌍한 사람으로 전락했다. 그 순간 일면식도 없는 또래 노인에게 동정을 받게 된 할머니보다 나의 표정이 더 일그러졌다. 아들이나 며느리의 보살핌은 못 미덥다고, 딸의 돌봄과 부양은 당연하다고 여기는 어른들의 믿음에 미간이 찌푸려졌다. 딸이 있는 것이 분명한, 그래서 의기양양 오지랖을 부리는 어르신의 딸을 떠올려 보았다. 그녀 역시 어머니를 보살피는 일에 보람을 느끼고 자신이 딸이어서 다행이라고 생각하고 있을까. 어쩌면 많은 가족 중 왜 자신만이 이런 책임을 지게 되었는지 모르겠다며 정신적, 육체적 부담을 느끼고 있진 않을까. 그러다가 혹여 지치고 힘들 때 나이 든 부모에게 짜증을 내거나 다른 형제, 자매에게 힘듦을 토로했다가 돌아서 죄책감에 눈물짓고 있지 않을지, 상상이 꼬리에 꼬리를 물고 흘러갔다.

'K-장녀'란 말이 있다. 나는 이 신조어를 좋아하지 않는다. 신문 기사에서 처음 이 단어를 접했을 때, 나의 정체성을 이 말 하나로 옭아매는 듯한 느낌을 받았다. 기사에서 정의한 바에 따르면, 나 역시 빼도 박도 못하는 'K-장녀'였기 때문이다.

'K-장녀'란 온라인에서 새로이 만들어진 말로, 한국(korea)과 장녀를 합성한 것이다. 가정에서 책임감을 강요받는 장녀들이 자신의 처지를 자조적으로 지칭하는 단어로 쓰인다. 연예인 중에서도 부모를 위해 희생하거나 동생들을 알뜰살뜰 살리는 캐릭터에게 칭찬하는 듯이 이 단어를 쓴다.

과연 한국의 딸들에게 이 단어가 칭찬의 의미로 다가올까? 돌봄이 필요한 가족 구성원이 있다면 혼자서 모든 것을 짊어져야 한다는 책임에서 벗어나거나 도망가지 말라는 올가미가 되어 딸들의 인생을 꽁꽁 묶고 있는 것은 아닌지 묻고 싶다.

65세 이상 고령인구가 총인구에서 차지하는 비율이 14퍼센트 이상이면 고령사회라고 한다. 통계청 발표에 따르면 우리나라는 2017년에 이미 고령사회가 되었고, 오는 2026년이 되면 노인 인구가 20퍼센트를 넘겨 초고령사회로 진입할 것이라 전망한다.

인구 다섯 명 중 한 명이 노인인 사회에서 돌봄의 문제는 분명 사회가 함께 고민해야 할 이슈이다. 가족

내에서 돌봄 문제를 알아서 해결하라고 내버려 두거나, 돌봄 노동에 최적화된 구성원은 딸이라고 믿는 인식에 대해 이제는 관점을 달리할 때가 되었다.

그 출발점에서 'K-장녀'의 전형이라 할 수 있는 나부터 이제 바뀌려 한다. 혼자 엄마의 모든 문제를 해결하겠다고, 다른 가족에게는 짐을 나눠주지 않겠다며 종종거렸던 지난날을 반성하겠다. 이제는 엄마의 딸에 대한 편애와 집착을 그러려니 하지 않고 장녀에게 향하는 주변의 부담스러운 시선과 태도를 바꾸어줄 것을 정중히 요청하려 한다.

어느 가정에서든 돌봄이 한 사람만의 몫이 되지 않도록, 힘들 때 사회에 편히 손 내밀 수 있는 환경이 될 수 있도록 사회복지 시스템의 변화를 주장할 것이다. 딸이 없는 내가 노년기를 맞이했을 때, 불쌍한 사람 취급을 받지 않으며 당당히 지하철을 타고 병원을 오갈 수 있기를 바란다.

Part 3

노년을 기다리며
기꺼이 마녀가 되자

마음이 가라앉는 4호선

부산의 지하철은 모두 4개 호선이다. 차가 없어 지하철을 주로 이용하는 나는 1호선부터 4호선을 골고루 이용하는 승객이다. 1호선은 지하철 기관사인 남편이 운전하는 노선이고 2호선은 강의를 하거나 연구를 맡은 학교와 기관에 갈 때 주로 이용하며 3호선은 현재 거주하는 아파트 앞을 지나가니 나의 최종 목적지로 향하는 노선인 셈이다. 그리고 마지막 4호선은 엄마가 살고 있는, 나 또한 20년 넘게 살았던 친정집 동네를 지나간다.

  2, 3년 전까지 4호선을 타면 잠깐이지만 짧은 여행을 떠나는 색다른 기분을 느낄 수 있었다. 부산 지하철 4호선은 기관사가 없는 무인 열차다. 지하철의 맨 앞칸에 탑승하면 기관사실이 있는 다른 전동차들과 달리, 4호선 차들은 맨 앞면이 시야가 개방된 유리창문으로

Part 3 노년을 기다리며 기꺼이 마녀가 되자

되어 있다. 차가 달리기 시작하면 그동안 궁금했던 지하 터널이 생생히 펼쳐지고 철로 위를 달리는 속도감을 눈으로 체험할 수 있다.

친정에 가는 날이면 4호선 맨 앞칸에 서서 멍하니 창밖을 바라보곤 했다. 일곱 살에 이사 와 결혼하기 전까지 살았던 그리운 나의 집으로 향하는 길이 내 인생을 잠깐씩 되돌아보는 타임머신이 되어 주었다. 4호선은 나에게 향수와 정겨움의 상징이었다.

엄마가 코로나19에 확진된 후, 4호선 열차를 탈 일이 더 많아졌다. 틈틈이 엄마의 몸 상태를 살피기니 엄마의 목소리에 작은 변화라도 감지되면 그날 바로, 혹은 주말을 이용해 엄마 집으로 향했다.

평일이던 어느 날, 엄마는 잘 지내고 있다고 말했지만 "여보세요."라는 첫마디에 컨디션이 좋지 않음을 감지하고 집을 나섰다. 언제나처럼 4호선 맨 앞칸에 앉았는데 나도 모르게 한숨이 나왔다. 무심코 고개를 들어 같은 칸에 타고 있는 승객들을 쳐다봤다. 나를 제외하고는 모두 노인들이었다. 노인들의 나라에 잘못 입성한, 아니 너무 일찍 도착한 중년이 된 기분이었다.

평소 같으면 달리던 차의 창밖이나 핸드폰 화면을

봤을 텐데 이상하게 그날은 나와 같은 공간에 있는 노인들에게 눈길이 갔다. 굽은 등으로 끌차 안에 농산물을 가득 싣고 탄 할머니, 낡은 구두에 더 낡은 배낭을 메고 잘 들리지 않는지 고함을 치듯 통화를 하는 할아버지, 유튜브에서 나오는 음악 소리를 이어폰 없이 듣는 어르신과 차가 출발하고 문이 닫히는데 우산을 끼워 의기양양 승차하는 할아버지까지. 그곳에 내가 앞으로 부양해야 하는 노년, 그리고 마침내 나의 모습이 될 노년이 전시되고 있었다.

갑자기 마음이 무거워져 어깨가 처지기 시작했다. 그날의 4호선은 앞으로가 아닌, 아래로 돌진하는 전차였다.

가라앉는 감정의 실체가 무엇인지 오래 생각했다. 4호선에서 만난 노인들처럼 내 부모도 초라한 존재로 보일 것이란 안타까움, 어쩔 수 없는 것을 알지만 노화된 몸이 지하철 안에서 본의 아니게 사람들에게 피해를 주고 있다는 사실에 대한 불편함, 지금은 미간을 찌푸리고 보고 있지만 나의 노년은 다를 수 있을까, 라는 당혹감과 초조함까지. 마음속에서 쇳덩이가 하나씩 더해지듯 부정적인 생각과 감정들이 차곡차곡 얹히며 우울함이 나를 발밑으로 자꾸만 끌고 들어갔다. 추억이 깃든 과거를 여행하던 4호선은 이제, 불안한 미래를 예견하는 열차가 되어 중년의 나와 노년의 엄마 사이를 운행하고 있었다.

다시 4호선을 타고 미소 지을 수 있으려면 나는 무엇을 해야 할까? 이 물음이 며칠 동안 머릿속을 떠나지 않았다. 엄마가 혹은 내가 더 나이 들면 어떤 일이 벌어질지 겁내지 않기 위해, 노화를 반기지는 않더라도 회피하지 않고 당당히 받아들이기 위해 자세를 고쳐 앉을 필요를 느꼈다. 늙는 것이 두려운 이유는 노년의 일상을 그려본 적 없기에 단단히 채비하지 못한 불확실성에서 비롯된 것이 아닐까.

4호선 노인들에게 느꼈던 거리감을 좁혀보려 요즘 나는 지하철에 타면 나와 다른 세계의 존재라고 생각하며 힐긋대던 곁눈질을 거두려 한다. 그들의 거친 손과 굽은 등에, 낡은 물건들에, 보고 듣는 것마저 쉽지 않은 신체 감각에 담긴 저마다의 사연을 읽어내기 위해 유심히 관찰하고 있다. 그래도 애정보다는 동정이, 존경보다는 미움이 앞서는 어르신의 모습을 발견하면 그저 속으로 되뇐다. 나의 내일은 저렇지 않기를, 잘 늙어가는 것이 무엇인지 스스로에게 질문하고 부모 세대와도 진솔한 대화를 이어가야겠다고. 이렇게 하나씩 실천하다 보면 머지않은 어느 날, 가벼운 마음으로 4호선 지하철에 몸을 실을 날이 돌아오지 않을까.

Part 3 노년을 기다리며 기꺼이 마녀가 되자

순옥 씨처럼 늙기 싫어서

순옥 씨는 한국의 베이비부머 세대다. 나라마다 베이비부머 세대의 출생 시기는 다르다. 미국은 제2차 세계대전 이후인 1946년부터 1965년 사이에 태어난 사람들을 일컫는다. 제2차 세계대전을 겪으며 헤어졌던 부부들이 다시 만나 결혼을 하고 한꺼번에 출생이 이뤄진 세대를 '베이비부머'라고 부른다.

우리나라는 6.25 전쟁 이후인 1955년부터 1963년도 사이에 태어난 세대를 베이비부머 세대라 지칭한다. 이들은 전쟁 이후 극심한 가난 속에서 태어나 격동의 현대사를 온몸으로 겪어내야 했다. 가진 것이 값싼 인적 자원밖에 없던 빈곤한 나라에 태어난 죄로 젊음과 노동력을 밑천 삼아 경제를 성장시켰다.

초기 베이비부머 세대인 순옥 씨도 그랬다. 매일 끼

니를 걱정해야 했던 딸 부잣집에서 중간 서열이었던 그녀는 언니들처럼 결혼을 해서 집을 떠나기엔 나이가 어렸다. 집안의 생계를 돕기 위해 학교를 그만두고 공장에 취직했다. 10대 소녀는 주야 교대로 신발과 옷가지를 만들던 큰 공장에 취직했고 남자 반장의 언어폭력에 시달리면서도 월급을 받아야 한다는 목표 하나만 바라보며 매일 미싱을 돌렸다. 몇 년이 흘러 20대가 되고 여공 생활에 이골이 날 즈음, 서울에서 파견근무를 나온 한 남자와 사랑에 빠졌다. 그 남자의 군대 생활을 뒷바라지하며 기다렸고 어리석게도 결혼을 하면 자신의 형편이 나아질 것이란 희망을 품었다.

순옥 씨는 고향인 부산을 떠나 서울에서 신혼살림을 차렸다. 호기롭게 친구와 사업을 시작한 남편은 몇 년 후 부도 선고를 받았고 다시 친정이 있는 부산으로 빈털터리가 되어 돌아왔다. 부부의 성실함으로 부산에서 자리를 잡고 남매를 키우며 사는 형편이 나아질 무렵, 어이없게도 남편은 교통사고로 하루아침에 가족 곁을 떠났다. 밀가루 장사가 이문이 많이 남는다는 말을 어디선가 주워듣고 작은 가게를 얻어 분식을 만들어 팔았다. 같은 자리를 지키며 장사를 하다 보니 내

집 마련이라는 꿈도 이뤘고 IMF의 위기 속에서도 두 아이를 대학에 보냈다. 다른 베이비부머 세대가 그러하듯, 순옥 씨도 자신의 청춘과 작은 몸뚱이를 담보 삼아 돈을 벌고 가정을 지켰다.

코로나19 후유증으로 고생하는 엄마와 여러 병원을 동행하며 나는 보았다. 어느 병원, 어느 진료과를 가든 순옥 씨와 비슷한 또래의 어른들이 대기실을 채웠고 그들의 표정은 거짓말처럼 비슷했다. 흡혈귀에게 몸 안의 피를 다 내어준 듯, 구미호에게 모든 정기를 빼앗긴 듯 그들은 핏기가 없고 무기력해 보였다.

내가 어릴 적, 엄마는 고된 장사를 마치고 집에 돌아오면 피로를 물리치는 주문을 중얼거렸다.

"나중에 장사 그만두면 예쁜 옷도 많이 사 입고 사방팔방 여행도 자주 다녀야지. 지금 고생하면 미래엔 편안해질 거야."

그러나 은퇴한 베이비부머 세대를 기다리고 있는 것은 결코 안락한 노후가 아니다. 축 처진 피부와 굽은 관절들은 얼굴과 체형을 바꿔놓아 아무리 예쁘고 비싼 옷을 입어도 예전처럼 빛나지 않는다. 일하느라, 아이들 키우느라 뭐든지 참아 버릇하다 보니 아픈 것도 나중으로 다 밀렸는지 이제 좀 쉬어도 되겠다 하는 순간, 다양한 증상들이 베이비부머 세대의 몸 구석구석에 찾아든다.

한 연구에 따르면, 베이비부머 세대의 세 명 중 한 명이 고혈압과 관절염, 당뇨 같은 노인성질환을 경험하고 있다. 특히 여성들이 남성에 비해 노인성 질환은 물론이고 우울증과 같은 정신건강 문제에 더 취약하다.

엄마와 함께 병원 순례를 하면서 생각했다. 아니, 확고한 다짐을 했다.

'나는 이들처럼 늙지 않으리라! 내일을 위해, 가족을 위해 나를 희생하지 않으리라!'

내 나이 마흔여섯, 남들이 중년이라 부르는 시기를 거치며 꼭 해야 할 일이 생겼다. 미래 체험하듯 지금 이 순간이 나의 노년기라 생각하고 살기로 결심했다. 그래서 나중에 하고 싶은 일, 내일 이루고 싶은 꿈들을 미루지 말고 오늘 당장 실행하기로 마음먹었다.

노년을 피하거나 나는 늙지 않겠다는 허황된 선언이 아니다. 중년인 나는 이미 늙고 있음을 인식해야 한다. 나이가 들고 신체의 기능이 떨어지고 있음을 받아들여야 한다. 그동안 노년을 막연한 미래로 여기거나 죽음에 관한 이야기를 피해야 할 대상으로 대하진 않았는가. 노년기에는 지금 내가 당연하게 여기던 행동들을 할 수 없게 되고 생각지 못한 위험들이 다가올 수 있으며 건강과 돈이 모자라 누군가의 도움을 받을 수 있다는 사실을 깨달아야 한다. 이제 노년기의 일상을 어떤 방식, 어떤 태도로 살아갈 것인지에 대한 고민과 대비는 엄마를 위한 것이 아닌 나의 문제가 되었다.

흉터라는 훈장

내 얼굴에는 1.5센티미터가량의 흉터가 숨어 있다. 오른쪽 눈꼬리가 끝나는 지점에 가로로 선을 그은 듯 자리한 흉터다.

눈가 흉터는 일곱 살 때 생겼다. 서울에 살다가 아버지 사업이 부도나고 도망치듯 부산으로 내려온 우리 가족이 한옥 형태의 집에 세 들어 살던 때였다. 집 구조가 특이했던 것으로 기억한다. 중간에 넓은 마당과 우물이 자리하고 각 세대 방문 앞으로 툇마루가 이어져 있었다. 즐비하게 늘어선 방들 중 한 칸이 우리 네 식구의 보금자리였고 내 또래 아이들을 둔 여러 세대가 셋방살이를 했다.

거대한 한옥집 안에 모여 살던 아이들에게 마당과 툇마루는 놀이터 역할을 했다. 그날도 친구들과 우물에서 툇마루까지 작은 돌을 누가 빨리 옮기나 시합하던 중이었다. 어릴 때는 왜 같은 구간을 반복해 왔다 갔다 하는 바보 같은 놀이에도 까르르 웃음이 끊이지 않았을까. 또래 중 키가 작고 체력이 약했던 나는 친구들을 한 번이라도 이겨보겠노라며 눈을 감고 전력 질주했고 마당에 박혀있던 돌부리에 걸려 넘어지며 툇마루 모서리에 얼굴을 부딪쳤다.

신기하게도 그날 병원에서 눈가를 꿰매던 때의 기억은 지금도 생생하다. 눈 옆에서 피가 흐르자 놀란 엄마는 안과로 나를 업고 뛰었고 의사 선생님은 눈을 살짝 비껴서 찢어졌다며 천운이라고 말했다. 마음이 너무 놀라면 몸의 통증도 느끼지 못한다는 사실을 일곱 살 때 체험했다. 실눈뜨고 바라본 병원 천장과 눈가를 꿰매며 실을 자를 때 들리던 '사각' 하는 가위질 소리, 얼굴과 손에 묻은 빨간 피의 이미지를 중년이 된 지금도 잊지 못한다.

눈꼬리를 따라 마스카라를 그리던 20대 때는 오히려 흉터가 도드라져 보였는지 알아보는 사람이 간혹 있었다. 흉터를 발견하면 마치 불량품 검수자라도 된 듯, "어머, 눈 옆에 흉터 있네! 제법 큰데?"라며 콕 집어 말하곤 했다. "성형외과 안 가봤어? 아가씨가 얼굴 흉터를 왜 그냥 둬?"라며 질책하듯 묻는 말에 응대하느라 피곤했던 적이 한두 번이 아니다.

내가 흉터를 그대로 둔 데에는 특별한 이유가 없다. 그저 나의 흉터가 그리 밉지 않고 심장이 두근거리고 가슴이 울렁거리며 병원 침대에 누워 찢어진 살을 꿰매던 순간의 기억이 아직 생생하게 남아있기 때문이다. 그 기억을 굳이 지워버리고 싶지 않다. 상처를 꿰매는 동안 내 손을 아플 정도로 꼭 잡고 있던 엄마 손의 체온, 아플 텐데 울지도 않고 잘 참는다며 칭찬해주던 의사 선생님의 중저음 목소리, 미스코리아 내보내려고 했는데 이제 어쩌냐며 속상해 눈물을 글썽이던 아빠의 눈동자까지……. 흉터를 없애면 그날 그때의 감정과 추억들마저 다 사라져 버릴 것만 같달까.

이제는 나이가 들어 눈가에 웃음 주름이 생기니 주름골을 따라 흉터가 감춰지고 옅어지며 아는 체하는 사람이 적어졌다. 나는 매일 거울 앞에서 눈썹을 그리며 내 흉터가 안녕함을 확인한다. 눈썹을 그릴 때 흉터가 기준점이 되기 때문이다. 나는 펜슬로 눈썹을 그리는데 매일 그 모양과 길이가 제각각이다가 어느 날 문득, 흉터가 끝나는 지점까지 눈썹을 그리면 마음에 드는 모양이 된다는 사실을 발견했다. 흉터가 좋은 점은 무궁무진하다. 그중에 제일은 흉터 하나만 건드리면 이야깃거리가 줄줄 흘러나온다는 점이 아닐까. 지금 여러분에게 들려주는 나만의 서사처럼.

몇 년 전 엄마는 폐 수술을 했다. 우연히 촬영한 CT상에서 폐에 암이 퍼져있는 것처럼 보였고 의사에게 짧으면 3개월, 길면 6개월일지 모른다는 드라마에서나 나올 법한 이야기를 들었다. 수술을 해봐야 손 쓸 수 있는 상태인지 아닌지 정확히 알 것 같디던 의료진의 이야기에 입원 날짜를 잡고 돌아오던 길, 버스 안에서 난 부끄러운 줄도 모르고 아이처럼 엉엉 울었다.

예정된 수술 시간을 훌쩍 넘겨 엄마는 한밤중에 수술실에서 나왔다. 얼굴이 환자만큼 하얗게 질려 나온 의사는 염증이 심하게 유착되어 있어 암으로 보인 것 같다며 암이 아니라는 진단을 난처한 얼굴로 전했다.

나와 가족들은 "선생님, 암이 아니면 됐어요! 감사합니다, 감사합니다."를 연신 외쳤다. 암은 아니었지만 엄마는 오른쪽 폐의 절반을 잘라내야 했고 한 달이 넘는 시간 동안 병원 신세를 졌다.

폐 수술로 엄마의 등에는 길고 굵은 흉터가 생겼다. 하얗고 뽀얀 엄마의 살결은 흉터를 더 도드라져 보이게 했다. 엄마와 긴 입원 생활을 마치고 대중목욕탕에 갔다. 엄마를 먼저 탕으로 보내고 짐을 정리하고 있는데 머리를 말리던 아주머니들이 수군대기 시작했다.

"방금 들어간 아줌마 봤어? 아이고, 흉측해라. 등에 저렇게 큰 흉터가 있는데 부끄럽지도 않나 봐? 나 같으면 대중목욕탕에 못 오겠는데."
"그러게. 징그럽다! 근데 무슨 수술을 했길래 뭐 저렇게 흉터가 크대?"

겨울에 옷을 벗어서인지, 아주머니들의 대화에 화가 나서인지 온몸이 부르르 떨렸다. 그래도 발가벗고 싸울 수는 없는 노릇이니 내가 참자며 숨을 골랐다. 억울한 마음은 독백으로 삼킬 수밖에 없었다.
'저기요, 엄마의 등에 난 흉터는 저희 가족에게는 훈장이나 다름없거든요. 저 흉터 보며 수술실에 혼자 누워 있던 엄마를 상상하고, 저 흉터에 약 발라주며 이만하길 다행이라고 감사하고, 또 감사한다고요. 생사

의 고비를 넘긴 엄마와 저희 가족이 그날을 잊지 말고 살라고 새겨진 역사의 증표랍니다.'

나도, 엄마도 매끈한 얼굴과 등을 유지할 수 있었다면 분명 남들 보기엔 좋았을 듯싶다. 하지만 나이가 들어서도 몸에 흉터 하나 지니지 않은 인생이라면 몸의 서사가 그만큼 빈약하다는 뜻은 아닐는지.

영화〈암살〉속 이정재 배우도 자랑스럽게 배의 흉터를 내밀며 외치지 않았던가.

"여기 총알 자국이 보이시지요!"

흉터가 없다면 자신의 인생을 변호할 기회도, 아찔했던 순간을 떠올리며 평온한 지금을 감사할 기회도 없을지 모른다.

나이 들어도 미안하지 않습니다

무심코 텔레비전 채널을 돌리다 깜짝 놀랐다. 정말 저런 프로그램이 있다고? 한때 방송작가였던 나조차 믿지 못할 기획과 구성이었다. 요즘 방송 편성표에서 손쉽게 찾을 수 있는 장르가 건강 정보 프로그램이다. 그만큼 건강에 대한 대중의 관심이 높고 의료 정보를 얻고자 하는 욕구가 강하다고 볼 수 있다.

하지만 방송계에 몸담았던 사람으로서 알고 있는 불편한 진실도 있다. 우리나라는 방송에서 의료 광고를 할 수 없다. 현행 의료법은 의료 소비자를 보호하기 위해 제56조 3항 1호에서 의료광고의 방송광고를 금지하고 있기 때문이다.

아마 텔레비전에서 "우리 병원으로 오세요!", "우리나라 최고의 수술 전문의를 만나보세요!"라고 직접 의료기관이나 의료인을 알리는 광고를 만나보지 못했을 것이다. 사정이 이렇다 보니, 병원이나 의사가 자신을 홍보할 수 있는 효과적인 방법으로 방송 출연을 꼽는다. 실제로 주위에서 방송에 출연한 의사가 명의라고 생각해 그 병원을 일부러 찾아갔다는 사람 이야기를 심심찮게 듣는다.

특히 텔레비전 시청이 주요 일과인 노년층에게 건강 정보를 이해하기 쉽게 전달하는 프로그램이나 의료인들은 고마운 존재이기도 하다. 하지만 질병을 정의하는 방식이나 아픈 몸과 그렇지 않은 몸을 선명하게 구별 짓는 관점에 대해 나는 시청자로서 대단히 불만을 가지고 있다.

건강 정보 프로그램의 대표 격으로 방송을 종료한 지 몇 년이 흘렀지만 여전히 이름만 대면 다 안다는 〈비타민〉이란 프로그램이 있다. 이 프로그램의 구성 방식은 특별한 증상이 없는 출연자에게는 초록색, 질병 가능성이 있다면 주황색, 이미 증상이 나타나거나 질병이 의심된다면 빨간색 신호등을 켜서 위험성을 경고하는 것이다. 방송 말미에는 빨간색 신호등이 켜진 출연자의 낯빛이 어두워지고 건강을 방치한 자신을 반성하거나 앞으로 꼭 질병 없는 몸을 만들겠다고 선언한다.

기억을 더듬어, 내가 더욱 불편함을 느꼈던 방송은 자연스럽게 나이 든 출연자의 몸을 건강 상태가 나쁜 몸으로 정의하거나 노화에 대한 불안을 조장하는 내용들이었다. 출연자의 신체 기관을 각각 검사하여 누가 더 늙은 신체를 가지고 있는지 측정하고 서열화했다. 출연자 개인의 특성을 고려하지 않고 노화가 시작된 신체를 비정상이라고 부르며 수명을 다한 기계 같다는 시선을 보냈다. 신체 나이가 가장 많은 출연자는 건강을 돌보지 않은 위험인물로 선정되어 빨간색 불이 켜지고 시청자로 하여금 노화에 대한 공포심을 느끼게 했다.

그런데 얼마 전 이보다 더 걱정스러운 건강 프로그램을 발견한 것이다. 진행자와 의료진들이 형사 역할을 하며 출연자를 취조하는 구성 방식이었다. 질병이 의심되는 출연자는 잠재적 범죄자로 취급받았다. 진행자와 의료진은 출연자의 하루를 관찰한 화면을 보며 건강을 돌보지 않는 이유, 늙어가는 몸을 방치하는 이유에 대해 무섭게 다그쳤다.

Part 3 노년을 기다리며 기꺼이 비녀가 되자

과연 아픈 것이 죄일까. 《아파도 미안하지 않습니다》라는 책을 쓴 작가 조한지희는 자신 또한 처음에는 잘못 살아서 아픈 거라는 자괴감에 스스로를 미워했다고 고백한다. 하지만 질병은 죄가 없고 작가가 상처 입은 것은 질병 때문이 아니라 질병에 대한 우리 사회의 태도 때문이었다고 말한다. 그러면서 '건강할 권리'를 넘어 '잘 아플 권리'가 필요하다고 주장하고 있다.

사람은 누구나 늙는다. 건강 정보 프로그램에서 보여주듯 늙어가는 몸이 비정상이고 치료받아야 할 대상이라면 우리는 모두 '삼재석 환자'란 얘기다. 아무리 많은 부와 명예, 지식을 가진 이라도 끝내는 나이 듦과 죽음을 비켜갈 수 있는 방법이 아직은 없으니까 말이다. 그런데 환자면 또 어떻단 말인가. 짧다면 짧고 길다면 긴 마흔여섯 해를 살아오면서 병원을 한 번도 찾지 않고 건강한 몸으로 일 년을 보낸 적이 있던가. 우리는 누구나 크고 작은 병을 하나쯤은 안고 살아간다. 그러고 보면 아픈 몸이 정상이고 아프지 않은 몸이 비정상인 셈이다. 늙지 않는 사람은 사람이 아닌 것처럼!

아프거나 나이 들어가는 몸을 빨간색 신호등으로 상징하든, 범죄자처럼 추궁하든 우리 스스로가 당당하고 개의치 않으면 그만이다. 하지만 질병과 노화를 대하는 미디어의 편협한 시선에 나도 모르게 길들여지는 것은 아닌지 스스로를 자꾸 돌아보게 된다. 늙지 않으려 관리하는 몸이 아니라 늙음을 받아들이려 관찰하고 소통하는 몸을 추구하자고 텔레비전 앞에서 주먹을 불끈 쥐고 다짐해 본다.

Part 3 노년을 기다리며 기꺼이 나녀가 되자

필라테스 하는 할머니가 될 거야

상가를 지나던 중 복도에 붙은 사진 한 장에 눈길이 갔다. 사진 속 인물이 매끈하고 탄력 있는 피부와 근육을 가진 젊은 몸을 뽐냈다면 그저 광고 사진이리라며 가던 길을 재촉했을 것이다. 사진은 색감을 잃은 흑백이었고 그 속에는 백발의 남성이 엉덩이만을 지면에 닿은 채 팔과 다리를 공중으로 곧게 뻗고 있었다. 사진 속 노인은 말하는 듯했다. 등이 굽고 피부가 처지는 노쇠한 몸이라도 나만의 중심을 잡아 나간다면 세월의 변화에 무너지지 않을 수 있다.

'그래, 저 나이까지 꾸준히 할 수 있는 운동이라면 꽤 괜찮지 않을까?'

필라테스를 만나게 된 계기는 즉흥적이고 단순했다. 그때의 나조차 이 운동을 4년 넘게 지속할 줄 몰랐고 내 삶에서 글쓰기와 책 읽기 다음으로 중요한 일과가 되리라곤 예상치 못했다.

당시 나는 목과 어깨, 허리 근육들이 하루가 멀다 하고 말썽을 부려 정형외과며 한의원을 순례하던 중이었다. 20대 때는 춤을 좋아해 재즈댄스부터 벨리댄스, 걸스힙합에 태보까지 섭렵했지만 40대에 들어서니 동작 하나에 관절이 잘못되는 건 아닌지 겁부터 났다. 그저 걷기나 수영처럼 유산소 운동이 최선이라며 귀찮은 몸을 일으켜 의무감으로 헬스장과 수영장을 찾았다. 하지만 조금 오래 걸으면 무릎이, 평영이나 접영을 하고 나면 어깨와 허리가 뻐근했다. 모두 좋은 운동이었지만 무리하지 않는 적정선을 찾는 것이 쉽지 않았다.

마흔이 넘으며 '평생 취미'에 대한 갈망도 생겼다. 누군가 취미를 물으면 뭔가 근사한 것을 대답하고 싶은데, 음악이나 미술 쪽에는 재주가 손톱만큼도 없었다. 취미란 모름지기 스트레스를 잊게 하고 일상의 긴장을 풀어주는 역할을 해야 하는데 악기를 배우거나 그림을 그리려 하면 오히려 온몸이 긴장하고 제대로, 잘해야 한다는 강박에 머리가 지끈거렸다. 중년에 시작해 노년까지 이어갈 수 있으면서 잡념을 잊고 몰입

할수록 몸과 마음이 재충전되는 무언가가 있으면 좋겠다고 막연히 바라던 중이었다.

우연히 만난 사진 속 장면에 이끌려 필라테스 센터에 들어섰다. 그 후 4년이 지난 오늘까지 필라테스는 나의 몸과 마음의 균형을 찾게 하고 즐거움과 성취감을 동시에 주는 취미가 되고 있다.

운동을 시작하고 사진 속 인물이 필라테스를 만든 조셉 필라테스라는 사실을 알았다. 독일인이었던 그는 영국에서 체류 중 제1차 세계대전이 발발해 포로수용소에 강제 수용되었다. 이때 동료들과 몸을 회복하고 재활하기 위해 철봉이나 침대 용수철을 활용해 운동기구를 직접 만들고 근육을 단련하는 동작들을 다듬었다. 전쟁이 끝나고 독일로 돌아와 자신의 이름을 딴 운동법을 정교화시키고 1926년에 미국으로 건너간 후 최초의 필라테스 스튜디오를 세워 무용수들의 부상 치료와 신체 단련을 도왔다고 한다.

신체의 재활과 회복을 돕는 목적에서 시작한 만큼 필라테스의 장점은 '누구나' 즐길 수 있다는 데에 있다. 내가 다니는 센터에는 키가 크고 싶어 온다는 초등학생과 한눈에도 운동량이 부족해 보이는 중·고등학생,

처음엔 여성 회원들 사이에서 낯설어하다 나중엔 땀을 뻘뻘 흘리며 운동에 몰입하는 중년 남성과 딸의 손에 이끌려 왔다가 점차 딸이 결석한 날에도 꾸준히 나오는 할머니 회원까지 다양한 사람들을 만날 수 있다.

내가 필라테스를 꾸준히 한다고 하면 주위 사람들은 묻곤 한다. 원래 유연성이 있어야 하지 않느냐, 레깅스처럼 꽉 붙는 옷을 입어야 하니 날씬한 사람만 할 수 있는 운동이 아니냐, 일대일 코칭을 받으면 돈이 많이 들지 않느냐는 질문들이다. 그럼 나는 경험에 의한 데이터를 바탕으로 그렇지 않다는 명쾌한 답을 건넨다.

일단, 필라테스는 누가누가 유연한가를 겨루는 운동이 아니다. 물론 몸이 자유자재로 움직이는 사람이 동작을 하면 더 아름답거나 멋져 보이는 것은 사실이다. 하지만 자신의 관절과 근육의 가동성 아래서 어제보다 오늘, 지난달보다 이번 달에 조금 더 움직임이 부드러워졌다면 운동 능력이 늘어난 것으로 충분히 기뻐해도 된다.

나 역시 필라테스를 할 땐 몸에 딱 붙는 상의나 다리 모양이 그대로 드러나는 레깅스를 입는다. 그런데 이런 의상을 입는 이유는 날씬해 보이거나 멋을 내기 위해서가 아니다. 하나의 동작을 할 때 어깨가 균형을 이루고 있는지, 골반이 틀어지지 않았는지, 무릎은 곧게 펴졌는지 확인하기 위해서다. 처음엔 헐렁한 티셔츠를 입고 수업에 입성한 초보자들도 시간이 지나면 몸의 생김새에 아랑곳하지 않고 자신의 동작이 잘 드러나는 옷을 찾아 입게 된다.

마지막으로 비용에 대한 질문은 '하기 나름'이라고 답한다. 처음 필라테스를 시작했을 땐 나 역시 일대일 코칭을 받았다. 하지만 몇 개월이 지나자 수강료가 부담스러운 게 사실이었고 고민을 하나 그룹 수업을 듣기 시작했다. 일대일 수업은 전문 강사로부터 50분 동안 정교한 자세 교정을 받을 수 있다는 장점이 있다. 그렇지만 비용 부담이 있다면 그룹 수업을 들으면 된다. 운동 횟수를 원하는 만큼 늘리고 나에게 맞는 강사를 찾으면 개인 수업 못지않은 효과를 누릴 수 있다. 질보다 양의 효과라고나 할까.

남녀노소 다채로운 캐릭터들을 센터에서 만나면서 깨달은 바가 있다. 관찰자의 시점으로 이들을 바라보면 필라테스에 필요한 자질은 단 하나, 바로 꾸준함이란 사실이다. 처음엔 온몸이 뻣뻣해 상체를 살짝 굽히는 동작도 힘겨워하던 이가 몇 달이 지나자 몸을 접는 동작을 두려워하지 않는다거나 체력이 약해 금세 숨을 헐떡이던 회원을 오랜만에 만났더니 자신만의 리듬을 찾아 힘들어도 끝까지 동작을 해내는 모습을 보면 내가 다 흐뭇해진다. 필라테스는 포기하지 않으면 누구에게나 공평한 운동이다.

노년의 운동, 노년의 취미는 그래야 하지 않을까. 다른 사람과 나의 능력을 비교하는 것이 아니라 어제의 나와 오늘의 나를 견주는 일, 혼자 힘으로 할 수 없는 동작이라면 기꺼이 생활 속 도구나 기구에 기대어 나의 능력치를 조절하는 과정, 속도나 횟수에 집착하지 않고 나만의 호흡을 찾아 몸의 중심을 잡고 마음을 집중시켜 나가는 시간이 나이 들어가는 우리에겐 필요하다.

오늘도 텔레비전 속에선 노화를 방지하는 신비의 약이라며 건강보조식품을 소개하고 얼굴을 가리면 영락없이 젊은이로 보인다는 근육질 할아버지, 날씬한 몸매의 할머니가 박수를 받는다. 어쩐 일인지 나는 나이를 잊은 듯 매끈한 얼굴과 몸을 가진 그들처럼 늙고 싶다는 욕망이 생기지 않는다. 내가 상상하는 2, 30년

후의 모습은 탄력을 잃어 쳐진 피부, 근육이 빠져나간 앙상한 팔과 다리, 두툼하게 쌓인 지방으로 볼록 나온 배가 오히려 자연스러운 노년의 몸이다.

　흑백 사진 속에서 허공을 향해 팔과 다리를 펴고 있는 할아버지에게 미래의 내 모습을 겹쳐본다. 늙었지만 여전히 필라테스를 할 수 있는 할머니로 동네 센터의 터줏대감이 되어 있기를 바라면서. 나이 들어가며 터득한 삶의 지혜 중 하나는 꾸준함도 재능이란 사실이고 꾸준함을 이어갈 수 있는 대상을 만나는 일은 죽지 않거나 젊어지는 마법의 약을 먹는 것보나 너 큰 행운임을 이제 나는 알고 있다.

보험보다는 모험의 힘을 믿어요

나와 남편의 노후를 걱정하는 사람들이 있다. 양가 부모님들은 아이 없는 우리 부부가 미래를 남들보다 더 단단히 준비해야 한다고 자주 말한다.

"우리는 너희 같은 자식이 있어서 다행인데, 너희는 나중에 늙으면 어떻게 할래?"

부모님과 외식을 하거나 병원을 방문할 때면 고맙다, 수고했다는 말 뒤에 꼭 뒤따르는 염려들이다. 그러면서 당연한 듯 다음 대화가 보험 권유로 이어진다.

"둘 다 실손 보험은 있니? 간병 보험도 좋다던데? 다른 사람은 몰라도 너희는 꼭 보험 들어놔야 해. 그래야 노인이 돼서 아파도 걱정이 없지."

　질문이 줄줄이 들어오기 전에 얼른 화제를 전환해야 한다. 부모님에게 거짓말을 할 수는 없고 그렇다고 보험에 관한 우리의 강경한 입장을 말한다면 실망하거나 걱정의 덩치가 더 불어날지 모른다.

　보험에 관한 남편과 나의 의견은 확고하다. 보험은 불안을 파는 상품일 뿐, 정작 내가 필요할 때 안전망이 되어주기 어렵다고 생각한다. 보험이란 그물은 평균이란 가치 아래 헐겁게 짜여 있어 사람마다 달리 나디나는 상황을 모두 받쳐줄 수 없다는 입장이다. 몇십 년간 매달 충실히 보험료를 납부해도 정작 나에게 혜택이 온전히 돌아오기에는 쉽지 않은 경우가 많다. 가입하기는 쉬워도 혜택을 받거나 해지할 때는 절차가 꽤 복잡하고 까다로워 곤란했던 경험이 한 번씩은 있지 않은가. 우리 부부는 매달 차곡차곡 내는 보험료를 잘 모아두었다가 실제로 걱정했던 상황이 생기면 목돈으로 부담하자는 데에 합의했다.

　결혼한 지 16년이 지났지만, 매일매일 남편과 내가 참 다른 사람임을 깨닫는다. 그래도 다행히 경제관념

만은 지향하는 바가 비슷하여 평소 가계를 꾸려나가거나 노후를 대비하는 데에 이견이 없는 편이다. 일단 둘 다 '욜로족'까지는 아니더라도 내일을 대비하기보다 오늘의 행복에 더 가치를 둔다. 투자를 할 때는 수익 가능성보다 내가 땀 흘려 번 돈이 한 푼이라도 손실되지 않도록 안정성에 집중한다. 대출도 자산이라는 말이 있지만, 대출은 마음의 짐이고 마음의 짐은 곧 몸에게 부담으로 돌아온다고 생각하여 늘 대출 없는 삶을 꿈꾼다.

누군가 돈과 시간 중 무엇이 더 중요한가, 라고 묻는다면 둘 다 지체 없이 시간이라고 답할 것이다. 그래서 결혼 후 지금까지 돈을 모으는 행위보다 시간을 쌓는 일에 마음을 다했다. 남편과 나의 벌이가 괜찮아서 여윳돈이 생기는 달이면 바지런히 여행을 다녔다. 둘이서 떠날 때가 많았지만, 상황이 허락한다면 다른 가족들과 동행하기를 주저하지 않았다.

나와 남편은 소중한 사람들이 '첫 경험'을 우리와 함께 하는 데에 돈을 아끼지 않는다. 10년이 지났지만 엄마의 첫 해외여행, 시부모님의 첫 유럽 투어를 같이 떠났을 때 아이처럼 좋아하던 표정은 아직도 생생히 남아있다. 조카들이 초등학교에서 중학교, 고등학교를 거쳐 대학교 입학할 때마다 책가방은 우리 몫이었고 큰 조카가 취업 소식을 알렸을 때는 백화점으로 달려가 첫 양복을 골라주었다. 돈을 아껴 저축을 하고 보험을 드는 대신, 사랑하는 사람들과 기억을 남겨 두고두고 꺼내 볼 수 있도록 시간을 저장했다.

남편과 나는 요즘 새로운 작당 모의를 하고 있다. 그동안의 신념과는 다르게 적금을 들어 목돈을 마련하기로 마음먹었다. 60대에 떠날 모험을 준비하기 위해서다. 남편이 직장에서 은퇴하는 60대가 되면 그동안 여행하면서 다시 들르고 싶었던 장소를 찾아 '한 달 살기'를 해볼 작정이다. 낯선 공간에서 새로운 경험을 쌓는 일을 노년기에 한다는 것이 쉬울 리 없다. 하지만 노인이 되어서도 용기를 내어 도전할 일을 미리 만들어둔다면 미래가 불안해서 떨리기보다는 기분 좋은 설렘의 시간으로 다가오지 않을까.

노년기에는 모험일 수 있는 한 달 살기를 꿈이 아닌 현실로 만들기 위해 남편은 나보다 한발 앞서 준비에 들어갔다. 혼자서 공부를 해보겠다며 서점에서 기초용이지만 외국어 교재를 샀고 틈나는 대로 유튜브를 보며 살고 싶은 지역을 선별하고 정보를 모으는 중이다. 자신에 비해 체력이 약한 나에게는 60대에도 한 시간은 거뜬히 걸어 다니고 자전거도 탈 수 있도록 근육을 길러놓으라는 특명도 내렸다.

   보험으로 편안한 노후를 대비하는 대신, 사서 고생하는 모험을 선택한 남편과 내가 철없이 보일 수 있다. 하지만 이러나저러나 미래를 정확하게 예측할 수 없는 것은 매한가지 아닐까. 아프면 어쩌지, 사고가 나면 어쩌나, 라는 걱정으로 속을 태우고 오늘을 희생하며 살기보다는 지금 여기서 나의 사람들과 공유할 수 있는 시간에 집중하고 내일을 기대에 찬 마음으로 기다리는 길을 택하겠다. 재미있는 상상을 이어가는 일이나 즐거운 추억을 꺼내 보는 기회는 아무리 자주 가져도 돈 한 푼 들지 않으니 그야말로 남는 장사다.

지팡이와 함께 걸어간다면

결혼 후 줄곧 시부모님과 한 아파트에 살고 있다. 같은 동은 아니지만 생활권이 겹치다 보니 오가다 두 분을 자주 마주치곤 한다. 남편과 나란히 걷고 있어도 두 분을 알아보는 것은 언제나 내가 먼저다. 아무리 거리가 떨어져 있어도 어머니나 아버지 모습을 발견하는 나를 남편은 신기해한다.

할머니들의 뒷모습은 모두 비슷하다며 이를 풍자한 광고도 한때 나왔듯, 어르신들의 헤어 스타일이나 옷 입은 모양새는 비슷할 때가 많다. 할아버지들의 경우 구별이 더 어려운데, 그래도 자기 취향을 반영한 패션을 선보이는 할머니들에 비해 할아버지들은 거의 등산복 브랜드의 상하의를 입고 있기 때문이다. 거기다 풍채가 비슷한 어르신이 나타난다면 나조차 저분이 아버지가 맞나 하며 한참을 쳐다봐야 한다.

그런데도 내가 한눈에 부모님을 알아보는 비결은 걸음걸이 때문이다. 방송작가라는 전직 때문인지 평소 지나가는 사람들의 대화를 엿듣거나 타인의 생김새와 행동 훔쳐보기를 좋아한다. 모르는 이들을 관찰하는 버릇 때문에 사람마다 걷는 모양새가 다르다는 것을 일찍부터 알아차렸다. 누구나 특유의 걷는 리듬과 속도, 보폭이 있다. 다리가 길거나 배가 나온 체형처럼 몸의 특징과 성격이 급하거나 느긋한 데서 오는 마음의 특징이 더해져 걸음걸이가 완성된다.

사람마다 자신만의 걸음걸이가 있다는 사실은 과학적으로도 증명되었다. 생체 보안기술 분야에서는 지문, 얼굴 등 개인의 신체적 특징을 이용하는 방식과 더불어 음성이나 제스처, 그리고 걸음걸이를 인식하는 행동적 특징을 활용한다는 뉴스를 본 적이 있다. 걸음걸이 인식은 머리 축, 어깨 축, 골반축, 무릎 축을 중심으로 움직임을 세밀히 분석한다고 한다. 걸음걸이만 잘 파악한다면 멀리서도 누군가를 인식하고 구별할 수 있다는 뜻이다.

그러나 나의 눈썰미로 걸음걸이만 보고 어디서든

부모님을 찾을 수 있다는 자신감이 와장창 깨지는 사건이 있었다. 아파트 지하에 있는 헬스장에서 운동하고 나오던 길이었다. 헬스장은 지하 주차장과 연결되어 있고 그 시각은 차들의 이동이 거의 없는 대낮이었다. 인기척 없는 주차장을 걷고 있는데 멀리서 두 노인이 주차된 차 사이를 위태롭게 걸어오고 있었다. 할머니는 다리가 불편한지 한두 걸음 걷다가 멈춰서 숨 고르기를 하고 앞장서는 할아버지는 장바구니가 달린 수레에 거의 상반신을 기대고 있는 모습이 허리가 많이 아파 보였다. 속으로 생각했다.

'두 분이 부부인가 보네. 한 분이라도 잘 걸으면 의지할 수 있을 텐데, 두 분 다 저리 못 걸어서 어쩌나! 저러다 차라도 지나가면 빨리 피하지도 못하고 위험할 텐데 어르신들이 참 안 되셨네.'

나와는 상관없는 어르신들이라며 값싼 동정의 시선만 흘깃 보내고 가던 길을 가려던 참이었다. 그런데 뭔가 꺼림칙한 느낌이 들었다.

'뭐지? 저 익숙한 실루엣과 복장은?'

뒤통수가 서늘했다. 차들에 가려진 두 분을 제대로 보기 위해 몸을 기울이고 눈에 힘을 줬다. 아뿔싸! 나의 어머니와 아버지였다.

　너무 놀라 주차장 안이 쩌렁쩌렁 울리게 큰 소리로 부모님을 불러 세웠다. 며느리의 놀란 가슴은 아랑곳없이 어머니와 아버지는 우연한 만남에 그저 반가워했다.

　"어디 아프세요? 두 분 다 왜 이렇게 못 걸으세요? 저쪽에서 보고 어머니, 아버지 아닌 줄 알았어요."

　아버지가 멋쩍게 웃으며 답했다.

　"나는 일을 좀 무리해서 허리랑 다리가 불편한데 괜찮아. 안 그래도 이것만 갖다 놓고 정형외과 갈 거야. 나야 병원 가서 주사 한 대 맞으면 괜찮을 텐데 엄마가 문제지. 며칠 전부터 무릎이 아파서 영 걷지를 못해."

　자초지종을 간단히 듣고 어서 집에 가서 쉬라며 부모님을 아파트 엘리베이터까지 모셔다드렸다. 그날 저녁, 남편과 함께 부모님 댁을 찾았다. 며느리가 멀리서 알아보지 못할 만큼 걸음걸이가 다 무너졌으니 대책을 세워야 했다.

Part 3 노년을 기다리며 기꺼이 며느리가 되자

일단은 두 분 모두 정형외과든, 한의원이든 성실히 다니겠다는 약속을 받아냈다. 걷는 것이 당장 힘들어 보이는 어머니에게는 조심스럽지만 지팡이 사용을 권했다. 처음엔 망설이는 듯했지만, 어머니도 이내 지팡이를 사용해 보겠다고 했다. 네 명이서 머리를 맞대고 어머니의 지팡이를 찾기 위해 인터넷 쇼핑을 시작했다.

일명 어르신 지팡이, 노인 지팡이들은 생각보다 종류가 많았다. 휴대성이 좋은 접이식 지팡이부터, 독일산 체리목으로 만들었다는 나무 지팡이와 가볍고 튼튼하다는 알루미늄 소재의 지팡이, 손잡이에 화려한 문양이 들어간 지팡이와 튼튼하게 사람의 체중을 지지해 준다는 네발 지팡이까지 지팡이의 세계는 다채로웠다.

보행을 보조하는 역할로 사용하는 지팡이지만 이왕이면 디자인도 좋은 것을 선물해 드리고 싶었다. 비싼 재질을 사용하고 멋진 문양으로 장식한 지팡이를 권했지만 어머니에게 계속 퇴짜를 맞았다. 어머니가 원하는 지팡이의 기준은 하나였다. 최대한 눈에 띄지 않는 것을 골라라!

어머니는 지팡이 손잡이는 아무런 문양이 없으면 좋겠다고, 색깔도 그저 어두운색으로 고르라고 재차

강조했다. 지팡이를 고르는 내내 서글프다며 낙담한 표정을 지었다. 어머니에게 지팡이는 단순히 걸을 때 도움을 얻기 위한 도구가 아니었다. 여든의 나이에도 아직 괜찮다고 믿고 싶던 자신의 신체가 이제는 제 기능을 잃어간다는 사실을 온전히 받아들이고 남들에게도 알려야 하는 노화의 상징물이었다.

지팡이를 사용하는 것이 부끄럽다는 어머니에게 신라 시대에는 지팡이가 오히려 권위와 명예의 상징으로 왕이 원로 신하에게 내리는 하사품이었다고, 유럽에서는 멋쟁이 신사의 필수품이 지팡이라고 얄팍한 지식을 동원해 설득을 이어가려 했지만 꼼짝없이 노화를 받아들여야 하는 어머니에게는 위로가 될 리 만무했다. 어머니의 그 마음을 어렴풋이 이해할 수 있었다. 내가 할 수 있는 일은 고작 튼튼하지만 최대한 얇고 짙은 색을 가진 지팡이를 골라 지나가는 사람들의 시선이 지팡이와 어머니의 몸에 머물지 않게 하는 것이었다.

주문한 지팡이가 도착했고 어머니는 처음엔 어색해 했지만, 차츰 지팡이 사용에 익숙해졌다. 확실히 지팡이를 짚고 걸으니 몸을 지탱하기 쉽고 먼 거리를 걸을 때에도 부담이 줄었다고 말했다. 기능을 인정하면서도 어머니는 컨디션이 괜찮은 날이면 미련 없이 지팡이를 집에 두고 외출했다. 몇 달이 지났지만 여전히 마음만은 지팡이에 의지하지 못하는 눈치다.

날이 갈수록 달라지는 부모의 걸음걸이를 보며 생각한다. 내 다리와 허리도 언젠가 늙어서 걸음걸이로는 나의 건재함을 말할 수 없는 날이 오겠지. 그날이 오면 나는 망설임 없이 지팡이를 잡을 수 있을까? 어머니처럼 서글픈 마음이 들겠지만, 그래도 열심히 살아내다 낡아버린 나의 몸을 부끄러워하지 않았으면 좋겠다. 오히려 당당하게 주위 사람과 여러 도구의 도움을 받아들였으면 한다. 아기가 첫걸음마를 시작하면 어른은 당연히 자신의 손을 뻗거나 보행기를 내밀어 돕는다. 긴 생애를 살며 하루에 수백 보, 수천 보를 성실히 걸었던 나의 다리가 이제 지쳤다고 신호를 보낸다면 그때도 기댈 무언가를 내밀어 돕는 일이 당연하기를 바란다.

내 첫 지팡이를 상상해 본다. 손잡이는 나의 띠인 뱀이나 탄생화 문양을 선택하면 어떨까. 지팡이 소재는 가볍고 튼튼한 최고급 재료를 사용하고 그날그날 입는 옷에 맞출 수 있게 여러 가지 색깔의 지팡이들을 구비하고 싶다. 지팡이 사용법을 제대로 익혀 여든이 된 내 걸음걸이의 일부가 되게 할 것이다. 거리에서 누군가 나이 든 나의 몸을 쳐다본다면 동정의 시선 대신 부러움의 시선, 공감의 시선으로 바라보게 만들고 싶다. 예쁜 지팡이를 들고 다니며 동네를 주름잡는 지팡이계의 셀럽 할머니가 되기를 바란다면 너무 큰 욕심인 걸까.

잔병을 기다리며

"괜찮아, 잘 될 거야!"라는 위로의 문구를 반복하는 노래가 있다. 2005년, 가수 이한철이 발표한 〈슈퍼스타〉란 곡이다. 철없다고 느낄 만큼 해맑은 목소리 톤과 경쾌한 반주, 희망이 가득 담긴 노랫말로 언제 들어도 발이 공중에 둥둥 떠 있는 듯 마음을 가볍게 해주는 노래다.

가끔 이 노랫말을 나만의 리듬으로 때론 느긋하게, 때론 처량하게 편곡하여 주문처럼 되뇔 때가 있다. 그것도 아주 진지한 톤으로 말이다. 나에게 또는 가족에게 예상치 못한 질병이 찾아왔을 때다. 이렇게 속엣말을 가지게 된 계기는 내가 '건강염려증'이란 사실을 자각하고 나서부터다.

'건강염려증'이란 몸에 나타나는 사소한 증세나 감각을 심각하게 해석해 스스로 병에 걸렸다고 믿거나 두려워하는 상태를 말한다. 주로 성격이 꼼꼼하거나 예민한 사람에게 나타난다고 들었다. 주위에 아픈 사람이 있거나 미디어를 통해 많은 의학 정보를 얻은 사람일수록 건강 문제에 지나칠 정도로 집착하게 되고 질병에 두려움을 느낀다고 한다.

처음에는 내 상태가 그리 심각하다고 여기지 않았다. 그러다 어느 날 화장대 서랍을 열었는데 화장대라는 이름이 무색하게 서랍 안은 각종 약들로 가득 차 있었다. 비상약이라고 생각하며 하나둘 모아두다 보니 나중엔 약국 진열대를 그대로 옮겨온 것처럼 갖가지 종류의 약들로 서랍이 빼곡하게 들어찼다. 코로나19의 위협이 일상을 덮친 후 나의 약 의존도와 건강 염려증은 한층 심해졌다. 외출을 하거나 출장을 갈 때도 제일 먼저 약주머니를 챙길 정도였다. 그러다 가족이나 지인에게 '너무 심하다'는 눈초리를 받기 시작했다. 그제야 내가 건강 이상이나 질병에 대해 지나치게 공포심을 가지고 있다는 사실을 받아들였다.

코로나19 확진 이후 후유증으로 고생한 엄마, 하루가 다르게 몸이 쇠약해지는 시부모님, 불쑥불쑥 찾아오는 사고나 증상으로 병원을 찾는 가족들을 돌보

Part 3 노년을 기다리며 기꺼이 마녀가 되자

며 스트레스가 쌓였고 점점 나도 아프면 어쩌나 하는 두려움에 휩싸였다. 내 마음의 상태를 알고 난 후 쉽진 않지만 평소 걱정이 많은 나의 심리적 성향을 인정하고 건강이나 질병에 대한 시선과 태도부터 바꿔보기로 결심했다. 그러다 책꽂이에서 대학원 시절 공부했던 수전 손택의《은유로서의 질병》이란 책을 발견했다.

수전 손택은 미국 최고의 에세이 작가이자 소설가이며 예술평론가이다. 1933년 1월 뉴욕에서 태어나 2004년 12월 사망할 때까지 '뉴욕 지성계의 여왕'이라는 명성을 얻으며 행동하는 지식인으로 살았다. 40대 초반 유방암 판정을 받은 그녀는 암에 걸렸다는 이유만으로 벌을 받는 것 같은 상황에 문제의식을 느끼고 이후 질병을 주제로 글을 썼다.《은유로서의 질병》은 질병에 대해, 나아가서 질병을 앓는 사람들에게 낙인을 찍는 언어와 태도, 편견, 행동에 대해 이야기한다.

먼지가 쌓인 책을 다시 펼치니, 첫 문장부터 마음에 와서 박힌다. 예전에는 논문을 쓰기 위해 머리로 분석하며 책을 읽었다. 나와 가족이 질병의 은유들로부터 공격을 받았다고 느낀 후 다시 책을 읽으니 가슴으로 이해할 수 있을 것 같다.

"질병은 삶을 따라다니는 그늘, 삶이 건네준 성가신 선물이다. 사람들은 모두 건강의 왕국과 질병의 왕국, 이 두 왕국의 시민권을 갖고 태어나는 법, 아무리 좋은 쪽의 여권만을 사용하고 싶을지라도, 결국 우리는 한 명 한 명 차례대로, 우리가 다른 영역의 시민이기도 하다는 점을 곧 깨달을 수밖에 없다."(《은유로서의 질병》, 수전 손택 저, 이재원 역, 이후, p.15.)

우리는 어느 날 갑자기 질병이 평온한 일상을 덮칠까 봐 겁을 먹고 그럴수록 먹거리와 운동, 생활 습관을 관리하며 건강한 삶을 추구한다. 도대체 건강한 삶이란 무엇일까? 실체가 있긴 한 것인지 의문이 든다. 사전에는 건강이 '정신적으로나 육체적으로 아무 탈이 없고 튼튼함. 또는 그런 상태'라고 정의되어 있지만 돌이켜보면 우리네 생에서 과연 정신적으로 아무 걱정이 없고 육체적으로도 불편한 부분이 전혀 없는 순간을 꼽을 수 있을까 싶다. 어쩌면 건강한 삶이란 일상 속 만연한 고통과 고단함을 견디기 위해 사람들이 막연히 바라는 사막의 신기루 같은 것이 아닐는지.

Part 3 고난을 기다리며 기꺼이 마녀가 되자

얼마 전, 남편의 건강검진표가 집으로 날아왔다. 남편은 매년 직장에서 건강검진을 받는다. 작년까지만 해도 결과표에서 수치가 평균을 벗어난 항목이 있으면 일일이 형광펜으로 표시하고 정보검색에 들어갔다. 수치가 의미하는 바는 무엇인지 공부하고 수치가 나빠진 원인을 반드시 찾아내고야 말겠다는 각오로 의사 놀이를 했다. 원인을 밝혀내야 이미 병이 되었거나 병이 될지도 모르는 가능성에서 하루빨리 벗어날 수 있을 것 같았다. 건강검진표를 대하는 나의 태도에는 질병에 걸리는 것도, 극복하는 것도 전적으로 남편 혹은 배우자인 나의 책임이라는 전제가 깔려있다.

올해는 건강검진표를 보고 쓸데없는 죄책감에 휩싸이지 않았다. 원인과 해결 방법을 생활 속에서 찾겠다며 호들갑을 떨지도 않았다. 이제는 그런 행동이 얼마나 어리석은 것인지 알고 있다. 질병에는 원인과 결과라는 논리가, 인과응보라는 교훈이 적용되지 않는다. 더욱이 질병은 우리의 몸을 침략하는 적도, 편안한 일상을 뒤흔드는 공포의 대상도 아니다. 질병은 그저 질병일 뿐이다. 누구에게나 언제든 찾아올 수 있는 일상의 존재다.

하루 한 번 엄마의 안부를 묻는 전화 통화에서 엄마의 눈이, 어깨가, 아랫배가 불편하다는 얘기를 들으면 나는 마음속으로 노래를 부른다.

"괜찮아, 잘 될 거야!"

이제 중년이 된 나도, 일흔의 나이를 바라보는 엄마도 늘 아프거나 덜 아픈 상태를 수시로 오간다. 수전 손택의 말처럼, 건강과 질병의 두 왕국이 있다면 이들 사이를 오가는 것이 아니라, 질병의 왕국에 오래 머무는 시간이 늘었다. 이제는 질병이 있는 상태가 불완전하거나 비정상의 상태라고 생각하지 않는다. 그러니 새로운 증상이 나타난다면 노래 한 구절을 흥얼거리며 내면에서 꿈틀거리는 두려움이란 녀석을 차분히 앉히고, 병에 대해 상상하거나 의미를 부여하는 대신 두 눈 부릅뜨고 마주 보면 될 일이다. 나이 들면 아니, 살아 있으면 아픈 것이 당연하다는 진리를 읊조리면서.

소소하지만 이쌔한 자기 서사

어느 날 오후, 조카에게 메시지가 왔다.

[고모, 저 부탁할 게 있어요.]

서울까지 출장을 와서 어려운 인터뷰를 막 끝내고 나오던 참이었다. 아직 해가 지지 않았지만 일을 하느라 에너지를 다 쓴 탓에 걸으면서도 눈꺼풀과 가방을 메고 있던 어깨가 한없이 처지던 순간이었다.

고모인 내가 단어 하나마다 물결과 하트, 미소가 담긴 이모티콘을 섞어서 안부를 묻는 문장들을 보내도 [네], [괜찮아요]만 답하던 녀석이 먼저 대화를 걸어오고 그것도 나에게만 부탁할 것이 있다니 궁금해 미칠 지경이었다. 서울 강남 도심 한복판에 멈춰 서서 핸드폰을 두 손으로 꼭 쥐고 조카와의 대화에 집중했다.

[부탁? 뭘까? 편하게 얘기해요.]
[저 이번에 반에서 부반장이 됐어요. 선거에서 공약으로 말했던 게 제가 1년 동안 우리 반에서 일어나는 일들을 만화로 그리겠다는 거였어요. 그런데 만화로 그리고 나면 나중에 책으로 만들어서 친구들에게 주고 싶어요.]
[와, 정말 멋진 공약인데? 수민이가 그림들을 완성하면 고모가 책으로 만드는 건 도와줄 수 있어요.]
[그럼, 제가 친구들과 재밌는 순간들을 그림으로 그려볼게요!]
[좋아요. 고모하고 나중에 만나서 더 의논해 봅시다.]

대화를 끝내고 메시지 창을 닫자, 거짓말처럼 온몸에 활기가 돌기 시작했다. 출장과 몇 시간의 업무 때문에 느꼈던 고단함은 오간 데 없었다. 조카와 반 친구들의 1년을 어떻게 하면 근사한 기록물로 남길 수 있을지 아이디어를 떠올리기 시작했다. 숙소로 향하는 발걸음이 경쾌해졌고 조카에 대한 대견함과 이 일을 믿고 맡길 수 있는 어른으로 선택된 스스로에 대한 뿌듯함으

Part 3 그날을 기다리며 기꺼이 미녀가 되자

로 어깨가 으쓱거렸다.

초등학생인 조카는 아무도 가르쳐주지 않았지만 본능적으로 '자기 서사'가 가진 힘을 알았던 게 아닐까. 그러니 반 친구들을 설득하는 핵심 기술로 사용한 것이다. 조카에게 소중한 한 표를 행사한 친구들 역시, 1년간의 추억을 흘려보내지 않고 한 편의 그림, 한 권의 책으로 만드는 일의 가치를 소중하게 여길 줄 아는 영특한 어린이들이다.

'자기 서사'란, 자신의 삶을 직접 소재로 삼아 재구성하고 의미화해서 서술하는 글쓰기를 말한다. 스스로에 관해 서술하다 보면 과거의 기억과 경험이 되살아나 지난날의 의미를 되새기게 되고 현재의 자아를 긍정적으로 바라볼 수 있다. 아이들에게 소중한 기억들, 자신만의 역사를 기록하는 작업은 스스로가 가진 내면의 가치를 발견하는 기회를 줄 것이다. 그런데 나는 자기 서사 쓰기에 가장 적당한 때가 따로 있다고 생각한다. 생애를 되돌아보면 추억할 거리가 쌓여 있는 노년기가 바로 나만의 이야기라는 결실을 수확할 적기이다.

몇 해 전, 봄과 함께 시작된 글쓰기 수업에는 유난히 말을 아끼는 어르신이 있었다. 늘 백발의 머리를 가지런히 빗고 양복을 입은 채 맨 앞자리에 앉아 수업에 참여했다. 내가 진행하는 글쓰기 수업에서는 강사인 나보다 학인들의 목소리가 더 자주, 크게 들리도록 한다. 글쓰기의 비법을 가르치기보다 첫 문장을 쓸 수 있게 용기를 얻는 법을 같이 고민하고 서로를 격려하는 시간이다.

그런데 어르신의 목소리는 3회 차 수업이 지날 때까지 제대로 듣지 못했다. 그날 쓴 문장들을 돌아가며 읽어보는 시간이 와도 고개를 젓고 손사래를 치며 본인 순서를 건너뛰었다. 더 이상은 안 되겠다 싶어 슬며시 다가가 모임이 재미없거나 어려운 부분이 있냐며 물었다. 돌아온 대답이 나를 놀라게 했다.

"배움이 짧아서 매번 내 인생사만 쓰게 되는데, 늙은이의 고리타분한 이야기를 젊은 사람들이 좋아할 리 없잖아요. 그래도 다른 분들 글 듣는 게 좋아요. 근데 듣고 나면 이렇게 나이만 먹은 게 부끄러워서 내 글은 그냥 숨기고 싶네요. 나이가 들수록 입은 닫고 지갑은 열라는 말도 있잖아요. 늙은이 목소리 듣고 싶지 않을 텐데 전 전혀 신경 쓰지 마세요, 선생님."

이만큼 잔인한 말이 또 있을까. 나이 듦은 어쩌다 수치심과 동의어가 되어가는 걸까. 안타까움이 밀려왔지만 어르신의 말을 따를 수는 없었다. 목소리에 힘을 주어 말했다.

"그건 안 되겠는데요. 오늘부터는 무슨 일이 있어도 한 줄이라도 쓰신 글을 꼭 들려주세요. 이 모임은 글쓰기에 대한 두려움을 같이 쓰고 읽으며 조금씩 줄여가는 시간이에요. 혼자서만 부끄럽다고 글을 계속 감추면 모임에 참여하실 이유가 없잖아요. 제가 여기 올 이유도 없고요. 그러니 오늘은 글을 읽지 않으시면 저도 수업을 끝내지 않겠습니다."

단호함이 통했는지 내가 다가가자 서둘러 덮던 노트를 다시 펼치며 한참을 바라보았다. 나와 학인들은 재촉하지 않고 먼 곳을 바라보며 기다렸다. 침묵의 순간이 얼마나 흘렀을까. 떨리는 목소리로 그동안 쓴 글의 일부를 읽기 시작했다.

그날 들은 어르신의 이야기는 그가 써 내려간 300쪽짜리 회고록의 서문이었다. 인생에 대한 후회와 한탄, 가족에 대한 그리움과 미안함으로 글을 썼다는, 아니 쓸 수밖에 없었다는 고백을 담은 문장들이었다. 읽는 속도가 젊은 학인들에 비해 느리고 자신감을 잃어 낭독하는 목소리도 작은 편이었지만 그랬기에 모두 작은 소음이라도 내지 않으려 몸을 바로 세우고 귀를 기울여 들었다.

노트 한 페이지 분량의 글을 모두 읽었을 때 누가 먼저랄 것도 없이 있는 힘껏 박수를 쳤다. 강의실 맨 앞줄에 앉아 몸을 웅크리고 자신의 존재를 숨기고 있던 어르신이 어디서든 빛이 나는 글쓰기 모임의 스타가 되는 순간이었다.

이후 어르신의 글을 듣는 것은 수업의 큰 즐거움이 되었다. 글이 완성되면 《토지》와 같은 대작이 될 것 같다며 아들, 손자뻘 되는 학인들은 다음 이야기를 궁금해했다. 그가 들려주는 실패의 역사에 때론 같이 눈물 지으며 인생 선배의 조언을 가슴에 새기기도 했다.

모임을 마무리 지으며 나는 "나이 들수록 입은 닫고 지갑은 열자"라는 말을 고쳐 "나이 들수록 펜은 들고 부담감은 내려놓자!"는 문장을 칠판에 적었다. 그리고 이 모임이 끝나더라도 나이 드는 일이, 자신만의 인생을 살아내는 일이 쓸쓸하게 느껴지지 않도록 '자기 서사' 쓰기를 멈추지 말기를 권했다.

《자기 역사를 쓴다는 것》이란 책에서 저자인 다치바나 다카시는 이렇게 말한다.

"자기 역사를 쓰는 가장 중요한 이유는 자기 자신을 위해서, 즉 자신의 존재 확인을 위해서이다. 다음으로는 가족 혹은 자손을 위해서이다. 가족(자손)에게 진정 자신이 어떠한 인물이었는지를 알리기 위한 것이다."(《자기 역사를 쓴다는 것》, 다치바나 다카시 저, 이언숙 역, 바다출판사, p.25)

하루하루 나이를 먹으며 가족에게 잊히고, 세상에 자리를 뺏기는 것 같아 허전하고 허망한 시절이 나에게도 오겠지. 그날이 오면 사라져 가는 기억과 감정들을 저 깊은 내면에서 소중히 건져 올려 외로움이 깃든 노트에 꾹꾹 눌러 담아보려 한다. 지나간 시간 속에서 나를 기다리는 글감들을 찾아 이야기로 엮어내는 작업은 내 사람들에게 쓰는 긴 유언이 될 것이다. 내가 사라진 후에도 나의 서사는 남아 사랑하는 조카들에게 유품으로 간직되기를 바란다. 기록하지 않으면 역사가 될 수 없다.

에필로그
당신도 마녀가 될 수 있다

    옛날 옛적 평화로운 마을에 젊은 여인이 찾아왔습니다.

    남편을 잃었다며 여인이 어린아이들의 손을 잡고 마을에 들어섰을 때, 사람들은 그녀의 정체를 알지 못했습니다. 그저 가여운 여인이라며 그녀에게 일거리를 나눠 주었고 아이들이 자신의 자녀와 뛰어놀게 했습니다.

    평범한 이웃인 줄 알았던 그녀가 자신들과 다르다는 사실을 안 것은 세월이 한참 흐른 후였습니다. 여인은 정체가 들킬까 봐 남들보다 부지런하게 일하고 주위 사람들을 챙기며 살았습니다. 그러다 그녀의 나이가 일흔을 바라보게 되었을 때, 서서히 자신의 정체를 드러내기 시작했습니다.

마을 사람들이 처음 만났을 때 젊고 고왔던 얼굴은 주름지고 축 처진 피부로 생기를 잃었습니다. 허리와 무릎이 휘어지고 머리카락은 희고 거칠게 변해 그녀가 지나간 자리는 음산한 기운이 퍼졌습니다.

그러던 어느 날,

마을 사람들이 하나, 둘 이름 모를 병에 걸리기 시작했습니다. 사람들은 병을 퍼뜨리는 사람이 그녀라고 의심했습니다. 그녀의 아이들은 어른이 되자 마을을 떠났고 그녀 홀로 외딴곳에서 살고 있었으니 악마와 내통해 주술을 부린 것이 틀림없다고 생각했습니다.

사람들은 처음부터 이방인이었던 그녀를 받아주는 것이 아니었다며 자기들끼리 쑥덕거렸습니다. 그녀가 마녀라는 사실을 알게 되자 그녀를 만나면 고약한 병에 걸릴지 모른다는 두려움에 벌벌 떨었습니다. 소문은 점점 살이 붙더니 생명력을 가진 듯 무섭게 자라났습니다. 마녀에 관한 온갖 추측과 소문은 온 마을을 불안으로 삼켜버릴 정도였습니다.

살기 좋던 삶의 터전에 전염병이 퍼지고 생명들이 생기를 잃어가자 마을 사람들은 이 불행의 씨앗을 찾아 없애고 싶었습니다. 막연한 공포감을 덜어내려면 선명한 원망의 대상이 필요했습니다. 마녀의 실체를 알게 됐으니 그녀가 마을에서 사라진다면 다시 희망의 기운을 찾을 수 있다고 믿었습니다.

마을 사람들은 오랫동안 자신 속에 숨겨 놓았지만 그동안 꺼내지 않았던 무기들을 이용해 마녀를 사냥하기로 했습니다. 마녀를 증오하고 기피하는 감정을 담은 눈길과 가시 돋친 말이 날카로운 무기가 되었습니다.

거리에서 우연히 마녀를 만나면 자신들 주변에 얼씬하지 못하도록 보이지 않는 벽을 세웠습니다. 마녀가 지나간 후에는 삼삼오오 모여 떠도는 소문을 이 사람 입에서 저 사람 입으로 옮겼습니다. 혀 끝의 공격이 어찌나 매서웠던지 결국 마녀에게 닿아 꽂혔고 그녀를 시름시름 앓게 하였습니다.

마녀가 집 밖으로 나올 용기와 체력이 남아있지 않게 되자 사람들은 공격을 멈추었습니다.

하지만 마을을 뒤덮은 불안의 먹구름은 여전히 걷히지 않았습니다. 사람들은 또 다른 마녀가 동네에 숨어 있다며 다시 사냥에 나섰습니다.

마을 사람들은 자신과 다른 외양과 성격, 삶의 태도를 가진 사람을 만나면 마녀가 아닌지 의심했습니다. '정상', '건강', '젊음'과 같은 잣대를 품고 다니며 마을의 질서와 평온을 깨는 인물을 찾아냈습니다.

하지만 어리석게도, 언제가 자신 역시 마녀가 될 수 있다는 사실을 몰랐습니다. 그 잣대야말로 언제 어디서든 모양을 달리하는 악마의 변신술을 지니고 있었던 것입니다.

이 동화가 잔혹하다고 생각하는가? 때론 허구의 이야기보다 현실이 더 아프고 쓰라릴 때가 있다. 누군가 자신이 속한 사회에서 이방인이나 비정상으로 불리거나 회피의 대상이 되어 본 경험이 있다면 나의 말에 공감할 것이다.

코로나19 확진자가 급증하는 시기, 온라인 공간이나 SNS에서는 이른바 '코로나 마녀사냥'의 사례를 어렵지 않게 찾을 수 있었다. 확진자의 신상이 쉽게 드러나고 그들의 동선이 자세히 공개되면서 행적을 질타하는 인신공격성 댓글이 줄지어 달렸다. 사실 확인이 되지 않은 '카더라'식의 거짓 정보들이 바이러스가 퍼지는 속도보다 더 빠르게 확산되었다.

접촉자들의 피해도 컸다. 확진자가 방문했다는 가게나 사업장은 카메라에 마치 범죄의 온상처럼 담겨 뉴스 화면에 나왔다. 미디어나 인터넷에 공개된 장소와 공간은 이후 경제적 손실보다 코로나19의 위험이 남아 있는 곳이라는 낙인에서 벗어나는 것이 더 어려웠다.

코로나19에 대한 두려움이 사그라든 지금, 다시 과거로 돌아갈 수 있는 타임머신이 있다면 어떨까? 확진자와 접촉자에게 누구나 감염될 가능성이 있으니 죄책감이나 트라우마를 가지지 말라고 자신 있게 위로의 손길을 건넬 수 있을까?

엄마를 둘러싼 루머에 대해 우리 가족은 이제 어처구니없는 해프닝이었다며 씁쓸한 웃음으로 넘길 수 있는 여유가 생겼다. 그러나 코로나19 확진 후 동네에서 마녀가 된 엄마가 하루하루 시들어가던 그 시절엔 엄마의 삶이 새드 엔딩만 남은 듯했다. 그리고 엄마와 같은 처지의 잔혹 동화 주인공들이 매일 생겨나던 날들이었다.

소박한 삶을 살던 평범한 이웃에게 시련을 가져다준 것은 지금까지 겪어보지 못한 병에 대한 불안과 타인을 향한 편견이라는 작은 균열에서 시작되었다. 질병에 걸리거나 나이 들어가는 사람들을 나와는 다른 부류라며 선 그어 구분 짓기보다는 그들의 상황과 사정을 이해하려는 눈길로 봤다면 동화의 결말이 조금은 달라지지 않았을까 싶다.

이쯤에서 마녀의 딸로서 저주이자 예언을 하려 한다.

우리도 마녀가 된다, 언젠가는!

나에게 예상치 못한 순간 덜컥 질병이 찾아올 수 있고 자연스럽게 나이 들어갈 뿐인데 늙었다며 손가락질을 받거나 비웃음 당할 수 있다. 언제든 평균이라는 기준이 바뀌어 중상모략을 받는 소수의 존재가 될 수도 있을 것이다. 그러니 당신이 마녀가 될 내일을 단단히 대비해야 한다.

마녀로 지목받는 순간, 억울한 추방자가 아니라 당당한 해방자가 되어 나의 목소리를 낼 수 있도록 힘을 기르자. 그 첫걸음은 나부터 타인의 선택과 자유를 존중하는 데에서 출발하면 된다. 혼자가 어렵다면 또 다른 마녀들을 찾아 함께 마음을 어루만지며 나아가기를. 희생과 침묵을 강요받는 이들이 당신 곁에 반드시 있을 테니까 말이다.

몸과 마음을 단련할 때.
'심신단련'은 단단한 내 삶에 관한 이야기를 담은 에세이 시리즈입니다.

[나이 듦]과 심신단련

어느 날, 미녀가 된 엄마

초판 1쇄 펴냄 | 2022년 8월 8일

지은이 | 김주미
펴낸이 | 이슬기
펴낸곳 | 글이
출판등록 | 2020년 1월 7일 제 2020-000001 호
전자우편 | greebooks@kakao.com
팩시밀리 | 0504-479-8744

ⓒ 김주미 2022
ISBN | 979-11-969451-8-3 (03810)

※ 파본이나 잘못 만들어진 책은 구입한 곳에서 바꾸어 드립니다. 이 책은 저작권법에 따라 보호받는 저작물이므로 반드시 저작권자와 글이출판 양측의 서면 동의를 받아야 합니다.
※ 글이출판은 글로 자신의 목소리를 내는 사람들의 이야기를 책으로 만듭니다. 책을 읽은 후 소감이나 의견을 전자우편으로 보내주시면 다음 창작물의 소중한 거름으로 받아들이겠습니다.